国家自然科学基金／面上项目（71172195）

湖南省软科学项目（2010ZK5004）

湖南大学青年教师科研创新扶持重点项目（11HDSK208）

中国博士后科学基金／面上项目（114307）

基于社会责任的企业治理评价研究

汪　忠◎著

世界图书出版公司

广州·上海·西安·北京

图书在版编目（ＣＩＰ）数据

基于社会责任的企业治理评价研究 / 汪忠著 . —广州：世界图书出版广东有限公司，2016.3
ISBN 978-7-5192-0962-9

Ⅰ .①基… Ⅱ .①汪… Ⅲ .①企业责任—社会责任—评价—研究 Ⅳ .① F270

中国版本图书馆 CIP 数据核字 (2016) 第 063225 号

基于社会责任的企业治理评价研究

责任编辑：	廖才高　王梦洁
责任技编：	刘上锦
封面设计：	周文娜
出版发行：	世界图书出版广东有限公司
地　　址：	广州市新港西路大江冲 25 号
电　　话：	020-84460408
印　　刷：	虎彩印艺股份有限公司
规　　格：	787mm×1092mm　1/16
印　　张：	12
字　　数：	150 千
版　　次：	2016 年 3 月第 1 版
印　　次：	2016 年 3 月第 1 次印刷
ISBN	978-7-5192-0962-9/F・0218
定　　价：	38.00 元

前　言

　　"企业社会责任"这一概念最早由 Oliver Sheldon 于 1924 年提出。20 世纪 70 年代，西方国家开始系统地对企业社会责任进行研究，并且拓宽了社会责任研究领域，学者们开始将目光聚焦于不同行业的具体社会责任问题。20 世纪 80 年代，企业社会责任受到了空前的关注，从欧美国家开始，形成了一场席卷全球的如火如荼的社会责任运动。随着我国改革开放不断深入和社会主义市场经济体制的建立与逐步完善，企业社会责任问题越来越引起社会的广泛关注，国内专家、学者对企业伦理价值和企业社会责任进行了广泛研究。企业社会责任的本质是在经济全球化背景下企业对其自身经济行为的道德约束，它既是企业的宗旨和经营理念，又是用来约束企业内部包括供应商生产经营行为的一套管理和评估体系。

　　随着经济的飞速发展和竞争的日益激烈，社会经济环境中对企业的影响因素越来越多，而且随着经济的日益严峻，其重要性也与日俱增。一方面越来越多的消费者深切关注跨国公司在推行市场全球化过程中的社会责任表现，另一方面越来越多的公司认识到，良好的企业社会责任策略和实践可以获取商业利益，社会责任表现良好的企业不仅可以获得社会利益，还可以提高企业的声誉，增强竞争力，改善风险管理。在未来的岁月里，企业必须面对公司治理、社会责任的国际大趋势。社会责任使企业走向可持续发展道路，使经济进步与环境保护、社会公正的同时实现成为可能。从这个意义上说，社会责任含义远远胜于一种可行的运行模式，它正成为一种强大的经济发展模式，影响着我们的生活和我们所生活的世界。

在本书中，第一章，主要介绍企业社会责任的形成及研究进展，并系统的阐述了其理论基础。第二章，在理论研究的基础上，提供了企业社会责任的评价指标体系及方法，有助于读者更加客观判断和测评企业社会责任。第三章，从集对分析视角对企业社会责任进行评价研究。可以进一步提高我国各界对企业社会责任的认识，有助于完善我国在这一方面的研究，并为投资者进行投资决策时提供理论支持，有助于推进企业社会责任建设。第四章，实证研究企业社会责任与战略绩效的相关性。有利于厘清社会责任和战略绩效的相互作用机理及其影响途径，拓宽企业社会责任的研究视角，为企业战略角度规划和管理社会责任提供理论指导，切实履行社会责任，从而顺利实现企业的战略目标和公司价值增长，进而推动企业的可持续发展。第五章，实证研究企业社会责任与机构投资者持股关系的合理性、有效性。使人们认识到企业社会责任对企业筹集资金的重要性，促使企业管理层充分认识到履行社会责任的重要性和迫切性，为其在改善治理进程中重视企业社会责任建设提供借鉴。

本书在湖南大学工商管理学院汪忠的统筹下完成，具体的编写分工为：第一章（汪忠、邓英文、朱昶阳）、第二章和第三章（汪忠、邓英文）、第四章（汪忠、朱昶阳）、第五章（汪忠、肖敏、黄圆）。全书在作者相互审阅和修改的基础上，由汪忠负责统稿。郑晓芳、袁丹、李姣、王爽爽对文献资料的整理做出了许多有益的工作。从本书中，读者可以系统的了解企业社会责任的形成与研究进展，企业社会责任的评价指标体系及流程，初步的掌握社会责任运动及其对企业所产生的影响。作者期望本书能够带领读者更深刻的认识社会责任对当今社会及企业的重要性，为国内社会责任相关领域的学术研究提供一定的借鉴，为国内企业的可持续发展提供理论支撑与实践指导。

本书的相关研究获得国家自科基金/面上项目（71172195）"以社会企业为主体的社会创业生态系统形成与演进：模式、机制以及实证研究"、中国博士后科学基金/面上项目（114307）"社会企业主导的社会创业生态系统结构和运行机制研究"、湖南省软科学项目（2010ZK5004）"产学研一体化的公益创业系统与湖南"两型"社会建设理论与实践相结合研究"、长沙市软科学研究计划项目"基于"两型"社会背景下的公益创业系统促进长沙创新型城市建设的研究"、湖南大学青年教师科研创新扶持重点项目（11HDSK208）"湖南社会创业生态系统形成与演化研究：基于社会组织演进理论分析和典型样本实证"等项目资助，在此我们表示由衷的感谢。

　　本书在撰写的过程中参考了大量国内外专家学者有关企业社会责任的文献和著作，这些文献都是研究者们丰硕的思想成果，除了将这些文献列于书后外，在此一并向他们表示诚挚的感谢！

　　限于作者的专业基础，研究水平和技术手段，书中难免有不足之处，敬请同行专家、学者的批评指正。

汪忠

2015 年 12 月于岳麓山

目　录

| 第一章 |

企业社会责任概述

1.1 企业社会责任的形成与研究进展

1.1.1 企业社会责任的概念界定

1932 年,英国学者 Oliver Sheldon 首先提出了"企业社会责任"的概念。其后,Bowen 于 1953 年在《商人的社会责任》中正式提出了企业及经营者必须承担社会责任的观点,从而开启了企业社会责任领域的研究。此后,对企业社会责任问题的研究成为了学术界讨论的热点议题,并一直持续至今。尽管如此,国内外学者对企业社会责任的界定却莫衷一是(如表 1-1 所示)。

正如列表所示,学者们关于企业社会责任的内涵也存在一些争议,有不同视角的定义,主要可从以下几个方面归纳:首先,从企业社会责任的内容看,有广义与狭义之分。广义的责任观认为,企业社会责任就等同于企业责任,包括企业责任的全部内容,是企业对社会应该承担的包含经济责任、法律责任、道德责任和慈善责任在内的综合责任,其典型代表有 Archie B. Carroll 的观点。我国学者王齐、庄志毅和周祖城均认同 Carroll 的综合责任说。狭义的责任观把社会责任理解为经济和法律以外的一种责任,企业责任中的企业的伦理责任与企业的慈善责任,其典型代表有 McGuire、Jeseph M.、Stephen P.Robbins、

Brummer 的定义。两者最大的区别在于，广义的责任观认为企业社会责任包含经济责任，而狭义的责任观将经济责任排除在外。其次，提出的视角不同，主要是从利益相关者和社会福利两个角度来定义。利益相关者角度的代表性观点有 Edwin M. Epstein、高巍、屈晓华、金立印、张建同等的定义。从社会福利角度的代表性观点有国外的 Davis、Keith 和 Robert L.Blomstrom、Andrews 及国内刘俊海、卢代富等的定义。

表 1-1 国内外学者对企业社会责任概念的界定表

代表人物与时间	定义
Bowen（1953）	商人有责任根据社会的目标和价值观，来制定政策、进行决策或采取行动的义务。
McGuire, Jeseph M.（1963）	企业不仅要承担经济与法律责任上的责任，还应该承担除此之外的一些社会责任。
Davis、Keith &Robert L. Blomstrom（1975）	企业在决策在谋求利益的同时，对保护和增加整个社会福利方面所承担的义务。
Edwin M. Epstein（1987）	公司要努力使其决策结果对利益相关者有利的而不是有害的影响。
Stephen P.Robbins（1991）	CSR 是指超过法律和经济要求的、企业为谋求对社会有利的长远目标所承担的责任。
Brummer（1991）	企业社会责任是与企业经济责任，法律责任和道德责任相对应的社会责任。
Archie B. Carroll（1991）	CSR 是某一特定时期社会对组织所寄托的经济责任、法律责任、道德责任和慈善责任。
Harold Koontz（1993）	CSR 是认真地考虑公司的一切举动对社会的影响。
Andrews（2003）	CSR 是指对社会福利科学的、长远的关切，应使企业为改善人类福利水平做出自己的贡献。
王齐、庄志毅（1990）	企业对有关各种社会集团所承担的特定的责任，就称为企业的社会责任，这种责任既包含了经济性责任，又包含了非经济性责任，既有法律上的责任，又有道义上的责任。
高巍（1994）	企业在追逐利润，谋求自我生存与发展的同时，还要维护社会和公众利益，承担社会发展的责任，如缴纳税费的责任、保护环境的责任和保护消费者的权益等。

（续表）

代表人物与时间	定义
刘俊海（1999）	企业不能仅仅以最大限度地为股东们营利或赚钱作为自己的唯一存在目的，而应当最大限度地增进股东之外的其他所有社会利益。
卢代富（2002）	企业除了谋求股东利润最大化之外，还应负有维护和增进社会利益的义务。
屈晓华（2003）	企业通过企业制度和企业行为所体现的对员工、商务伙伴、客户（消费者）、社区、国家履行的各种积极义务和责任。
周祖城（2005）	企业应该承担的，以利益相关为对象，包含经济责任、法律责任和道德责任在内的一种综合责任。
金立印（2006）	企业在创造利润、对股东利益负责的同时，还要承担对员工、对消费者以及对社区和自然环境社会责任。
张建同、朱立龙（2007）	企业在创造利润并对企业所有者（股东）负责的同时，企业更应该追求所有利益相关者的价值最大化。

1.1.2 企业社会责任的内涵

企业社会责任的内涵相当复杂，外延也非常广泛，当前国内外还没有公认的标准答案。不同的学者从各自的视角对其进行了定义，并从各个维度划分了企业社会责任的内容。

Bowen（1953）在其著作《商人的社会责任》中明确定义了企业社会责任："企业有义务在制定相关政策，做出相应决定，及采取理想的具体行动时遵照自身所在社会的目标与价值观要求。"Davis（1960）指出企业社会责任是企业为追求实现传统经济目标和社会利益而考虑或回应超越狭窄的经济、技术和立法要求之外的事务；商人所做出的决定以及采取的行动不全是出自对自身直接经济与技术利益的考虑。Eells与Walton（1961）认为企业社会责任是一种道德原则，它被应用于解决企业在与社会领域发生互动而产生的问题或者是治理企业与社会之间的关系。Joseph McGuire（1963）所提出的企业社会责任是指企业对社会负有的超越经济和法律义务之外的其他责任。Carroll（1979）认为企业社会责任是整个社会希望其履行义务的总和。

相比较于西方国家，我国在企业社会责任方面的系统研究至今不过二十几年时间。我国最早对其进行定义的学者是袁家方，他在其著作《企业社会责任》中指出，企业社会责任是指企业在自身生存与发展的过程中，面对社会需要与问题，为了维护国家、社会以及人类的根本利益所必须承担的义务。刘俊海（1999）提出企业社会责任是指企业应最大化股东利益之外的其他所有社会利益，而不是单纯追求股东营利或赚钱最大化。屈晓华（2003）指出企业社会责任是企业对员工、顾客、业务伙伴、社区以及国家履行的各种积极义务和责任，这种义务和责任体现在企业的制度和行为方面。周祖城（2005）认为企业社会责任是企业应承担的一种综合责任，它的对象是各利益相关者，内容涉及到经济责任、法律责任和道德责任在内的各方面。

企业社会责任内容如同其定义一样存在多样化，并随着定义的衍生和扩展，不断丰富和具体化。学者们或相关组织从不同维度对企业社会责任内容进行划分，主要有一维说、二维说、三维说以及四维说，如下表所示：

表 1-2 企业社会责任内容

维度	学者或组织	企业社会责任内容
一维说	Hayek（1960）	企业唯一目标是作为出资人的受托者赚取长期利润。
	Friedman（1970）	企业唯一的责任是为股东或所有者在法律允许范围内追求利润。
二维说	Steiner&Gallo（1980）	企业社会责任分为对外和对内责任。
	Frederick（1983）	企业社会责任分为政府法令规定的强制性责任和慈善捐献的自愿性责任，企业主管协助推动社会活动并为政府提出解决国家和地方性问题的参考性建议。
三维说	美国经济发展委员会	企业社会责任内容由内圈是最基本企业责任、中圈是配合社会价值变化而执行经济职能的责任、外圈是积极投入改善社会环境的责任的三个同心圆组成。
	Sethi（1975）	社会义务、社会责任和社会响应组成了企业社会责任行为。

（续表）

维度	学者或组织	企业社会责任内容
三维说	Schwartz&Carroll（2003）	企业社会责任涉及经济、法律和道德三方面。
	陈志昂和陆伟（2003）	企业社会责任有三个层次，它们分别是法规层、标准层、战略和道义层。
	陈淑妮（2007）	企业的个体责任、市场责任和公共责任共同组成了企业的社会责任。
四维说	姜启军和顾庆良（2008）	最低限度的责任需求、超越最低限度的积极职责及对责任最高目标的追求三个层面的责任构成了企业的社会责任。
	Carroll	完整的企业社会责任由经济责任、法律责任、伦理责任和慈善责任的综合体构成。

从国内外已有研究成果来看，我们可得知学者们对于企业社会责任概念的争论集中体现在两方面：一是对经济与法律责任是否应该成为企业社会责任内容的一部分存在争议。Davis（1960）、Joseph McGuire（1963）和 Stephen P.Robbins（1991）等学者均认为企业社会责任是超越经济责任与法律责任范畴之外的其他责任；而 Carroll（1991）和周祖城（2005）等学者则主张企业社会责任是一种综合性责任，它涵盖了经济、法律、道德以及慈善等方面。二是对企业是否应该对股东或投资者履行社会责任这一问题存在分歧。刘俊海和卢代富等一批研究者主张企业社会责任的对象不应该包括股东，如卢代富（2001）曾指出企业的非股东利益相关者才是企业社会责任的义务相对方。而陈迅和韩亚（2005）、朱文忠（2009）以及毛寒松（2010）等学者则提出，在企业的生存和发展过程中，包括股东（投资者）在内的利益相关者均进行了一定专有性资本的投入，他们拥有企业所有权与剩余索取权，企业理应对其负责。

基于以上对已有研究成果的比较分析，我们认为企业社会责任是企业在追求利润合理化的同时承担维护和增进社会利益，履行对投资者、环境、员工与政府等利益相关者的经济、法律、伦理和慈善责任。

1.1.3 企业社会责任的影响因素

企业社会责任的履行会受到众多因素影响，国外学者对此展开了深入的研究和探讨。众多的研究发现，由于受到当地政治、经济、文化的影响，企业社会责任在不同国家和地区的发展水平、表现形式具有很大差异。政治影响是企业社会披露的一个决定性因素（Roberts,1992）。Brammer（2004）等研究发现：行业特征、企业规模对社会责任履行影响十分显著；不同规模的企业在社会责任行为上存在差异，一般企业的规模越大，企业的社会责任水平就越高；利益相关者的偏好对企业活动也有显著的影响。企业对利益相关者力量的感知会对其与这些利益相关者的关系产生影响（Stephanie,2004）。此外，管理者的素质和能力也会对企业社会责任的履行产生影响。因为管理者处于组织结构的顶端，对于塑造什么样的组织价值观以及在决定组织行为方面扮演着重要的角色（Swanson,1999）。

近年来，我国学者也对影响企业社会责任履行的重要因素进行了深入研究，其中具体有代表性的有：李双龙（2005）指出，影响企业社会责任的因素可分为：（1）国家或地区的社会发展水平、政治制度及历史文化传统；（2）利益相关者对企业的利益诉求；（3）企业的所有制性质；（4）是否为跨国公司；（5）公众的心理预期。李立清（2006）的研究结果表明，企业履行社会责任的状况受到所处行业、企业规模和所有制属性的影响。李正（2006）则认为，财务状况、企业规模等信息的披露与企业社会责任均显著相关。

1.1.4 企业社会责任的研究进展

1. 企业社会责任与企业绩效的研究综述

在过去的理论研究和实证研究上，对于企业社会责任与企业绩效的研究，已有很大程度上的探讨。但是由于样本的差异、产业的特性或者是研究方法的不同，得到的研究结果也有所差异，具有代表性的研究见表1-3。

表 1-3 企业社会责任与企业绩效关系的研究

代表人物	企业社会责任评价指标	企业绩效评价指标	研究结论
Moskowitz 和 Milton（1972）	将企业声誉分为"卓越"、"鼓励性的"和"极差的"	股价的波动	正相关
Sturdivant 和 Ginter（1977）	将企业声誉分为"卓越"、"鼓励性的"和"极差的"	股东权益回报率、利润率、每股收益	正相关
Cochran 和 Wood（1984）	一个特别声望指数和 Moskowitz 表	营业利润、资产比率、销售比率	正相关
Sundgren 和 Mcguire（1988）	财富杂志调查结果	资产收益率、销售增长率、和收入增长率	无关
Griffin 和 Mahon（1997）	以财富杂志年度企业形象调查、KLD 指数、TRI 指数	净资产收益率、总资产收益率、企业年龄、五年平均销售报酬率	正相关
Waddock 和 Sandra（1997）	KLD 数据库	资产收益率、总资产、销售增加率、资产增长率和收入增长率	正相关
Stankwick 和 Stanwic（1998）	财富企业社会名誉调查排行	企业利润、规模以及有毒物排放报告为环境绩效	正相关
Mcwillians 和 Siegel（2000）	KLD 数据库	企业年度价值的平均值	无关
Simpson 和 Kohers（2002）	社会在投资行排序	总资产利润和贷款损失率	正相关
Elizabeth 和 Curtis（2002）	商业伦理杂志评出的 100 家"最佳企业公民"	1 年和 3 年整体回报率、销售增长率净利润和股东权益报酬率	正相关
李正（2006）	内容分析法	Tobin's Q 值	负相关
田虹（2009）	设计通信行业 46 家上市企业社会责任评价指标	企业利润、企业竞争力、企业成长	正相关
张洪波（2009）	设计 256 家 A 股公司企业社会责任评价指标	资产收益率	正相关
张菊和宋玲（2010）	分层级设计一套指标	总资产收益率	正相关

由此可以看出，国内外的研究中从定性说理和实证研究两方面，绝大部分学者认为企业社会责任与绩效之间存在正相关关系。Wu（2001），Moore（2001）和 Ruf（2001）的研究也均证实了这一点。我们认为结合经济效应、法律效应、伦理效应和环境效应，从长久来看，企业社会责任与绩效之间是相互影响和相互促进的。从表1-3还可以看出，目前国外已经有相对成熟的数据库和企业社会责任评价指标，例如财富社会名誉调查和 KLD 数据库等，但尽管国内有一些机构和学者在积极地探索和研究，但是还没有类似的成熟的数据库和企业社会责任指标评价体系。目前国内研究多以利益相关者角度的企业社会表现作为衡量企业社会责任的标准，并以此建立相应的指标体系。

2. 企业社会责任与战略绩效关系的研究进展

通过查阅中国知网、万方数据及维普等相关数据库发现，研究企业社会责任与战略绩效关系的文献不多。Richard C.Peters（2007）指出，通过履行社会责任能够提高企业的社会声誉，并有效对其利益相关者进行管理，从而获得竞争优势。蒋小芳（2011）重点分析了企业社会责任和战略绩效的关联度，深刻解读了企业社会责任对企业发展战略特别是企业战略绩效评价的影响，但基本没有文献对二者关系进行实证研究。

1.2 企业社会责任管理评价的理论分析

1.2.1 社会契约理论

从17世纪开始，社会契约理论作为一种社会学说在西方国家的影响力日益强大。George A.Steiner 和 John F.Steiner（1997）把社会契约直接看成是企业的社会契约，他们说："若社会不接受某个企业的活动，则该企业要么受到干预，要么需要进行改组。"Donaldson（1999）提出，企业与社会相互之间应该承担对彼此应尽的责任，换言之，社会为企业的存在和发展提供了条件，因此企业应该对社会承担相应的责任；反过来，企业为社会的发展做出了贡献，社会也要对企业履行应尽的责任；这就是企业与社会之间提出的契约。任何时候，企业都不能超越社会而独自存在，二者之间存在的这些契约将使企业及其利益集团彼此受益，且这些契约是它们自愿同意的。这种契约是支配企业行为的习惯和价值观及其与社会之间关系的基本体现。

在工具主义观点和规范性观点的基础上，Danaldson 和 Dunfee（2001）进一步提出一个更具有高度的理论——综合性社会契约理论。该理论主张，企业能够合法存在的前提是通过与所在社会达成的一系列显性契约与隐性契约。企业和利益相关者之间的利益要求通常通过他们之间的显性契约来实现，但是还有一些利益要求是无法显化的，或者是显化的成本极高以至于双方都愿意放弃这种显化的努力。然而，企业并不能以"契约中没有规定"为理由来推卸那些事先并未在契约中明示的或然时间发生的责任。这种行为有悖于规范性的道德伦理，同时也不利于企业的生存和发展。根据综合性社会契约理论，由于人格化组织这一特性，企业应当能够且必须响应自身所在社会系统的合理诉求，并且履行相应责任。总而言之，根据综合性社会契约理论，企业是一种由不同个人间显性契约与隐形契约组合成的法律实体。

1.2.2 社会利益理论

利益一直以来都是所有问题的导火索，也是任何社会经济关系的表现。根据主体不同，我们可以将利益划分为个人利益与社会利益。个人利益的保护与推崇者主张个人利益应该受到最大限度保护。亚当·斯密（1972）认为，人们受到一只"看不见的手"的调节，虽然他们在追求个人利益时并不是想增进社会利益，但是人们的这种追求通常比他们在真正出于本意时可更有效地增进社会利益。边沁也认为"个人的总和构成了社会，同时，个人利益的总和也构成了社会利益，只要每个社会个体追求各自利益的最大化，终究也能够实现社会利益最大化"。随着对个人利益的过度追求而引起大量社会问题的产生，人们开始意识到最大化地保护个人利益并不可以实现对社会整体利益的最大保护。在这种背景下，社会利益理论于 19 世纪末逐渐兴起。

社会利益是指从社会角度出发的、与人类活动有关的利益。社会利益理论主张个人利益和社会利益是共存的，社会利益并非单纯是个人利益的总和，而是独立存在的，如社会责任、环境利益、社会信用体系等等。追求个人利益最大化并非必然实现社会利益最大化，某些时候反而以牺牲社会利益为代价。罗斯科·庞德认为"社会利益包括并高于个人利益"，"20 世纪应更多地考虑社会利益"。此外，研究者们对社会利益按照其他一些标准进行了分类。张玉堂（2001）发展了庞德把利益分为个人、公共和社会利益的分类方式将社会利益进一步划分为整体、局部与个体利益，也可以称之为国家、集体与个人利益。洪远鹏等（2008）将社会利益从纵向上分为宏观、中观与微观利益，同时基于层次高低从横向上将社会利益分为物质、精神与政治利益。社会利益理论提倡社会本位，强调整合社会各种类别的利益，强调履行社会责任以及进行社会协助，除此之外也更注重平衡个人利益与社会利益。可以说，社会利益理论与企业社会责任的价值蕴涵的契合直接促进了企业社会责任在 20 世纪的最终确立与迅速、广泛传播。因此，有学者提出"企业社会责任与社会利益观念的确立可以说是一脉相承的"。

1.2.3 利益相关者理论

斯坦福研究所（Stanford Research Institute，现在的斯坦福研究所国际公司 SRI International Inc.，SRI）最早于 1963 年给出了利益相关者定义："那些如果没有他们的支持企业组织将不复存在的群体。"此后 Ansoff（1965）、Rhenman（1968）、Alkhafaji、Thompson 等都对什么是利益相关者进行了研究。其中，著名的学者 Freeman（1984）给出了一个十分经典的广义定义："一个组织里的利益相关者是可以影响到组织目标实现或受组织目标实现影响的群体或个人。"按照 Mitchell、Agle 和 Wood（1997）的解释，Freeman 的定义，"毋庸置疑，使利益相关者的概念和利益相关者的可能领域扩大到实际上可以包括任何人在内"。由于广义利益相关者概念难以精确定量，一些研究者尝试给出利益相关者的狭义定义。如 Cornell 和 Shapiro（1987）、Hill 和 Jones（1992）、Clarkson（1994）等。其中，Crroll（1993）和 Mitchell（1997）提出了最具代表性的狭义概念。Crroll（1993）认为利益相关者是"指那些企业与之互动并在企业里具有利益或权利的个人或群体"。显见，这种观点强调个人或群体在企业里的利益，此外，他还提出在了解利益相关者内涵之前有必要先了解"相关利益"的概念。狭义利益相关者概念带来了"利益相关者具有哪些特征"的问题。为此，Mitchell、Agle 和 Wood（1997）强调了狭义利益相关者的权利、合法性和紧迫性三个关键性的特征。

在企业社会责任与利益相关者的发展历史中，前者的研究要早于后者，前者主要研究企业对社会承担的责任，而后者则研究企业与利益群体之间的关系。一直以来，企业社会责任和利益相关者理论原本都作为彼此独立的研究领域各自发展，二者的全面结合趋势出现在 20 世纪 90 年代。利益相关者理论被认为是能够用来评估企业社会责任的"最为密切相关"的理论框架。Wood（1991）是最早将二者进行结合研究的学者，她在其著作《再论公司社会表现》中认为："Freeman 的利益相关者观点能够解决企业应该为谁承担责任的问题。" Clarkson（1988）则最早基于利益相关者管理对企业社会表现的衡量进行了实证研究。利益相关者理论给出了企业应履行社会责任的三个理由：首先，利益相关者为企业的生存与发展提供了自有资源，企业应给予其相应的回报；其次，企业利益相关者对企业收益具有剩余索取权，所以企业分配利益时应考虑属于他们的份额，具体来说，以向其承担社会责任的方式来实现；最后，利益相关者对企业的支持程度关系到其经营成败。企业只有履行了对这些利益相关者的应有责任，才能得到他们更积极的支持，取得更好的经营成果。

| 第二章 |

企业社会责任管理评价体系设计

2.1 企业社会责任的评价主体

2.1.1 企业社会责任评价主体的发展历史

评价主体是指那些对评价客体具有评价需求，并且实施评价行为的机构或者个体。评价主体的确定回答了谁是评价需求者的问题。随着社会与经济的不断发展，评价主体发展经历了如下三个时期：

1. 一元评价主体时期

早期古典企业是业主制与或者合伙制企业，具有高度统一的所有权与经营权。在这一时期，企业的出资人只有企业的所有者，企业是出资人的企业，评价主体就是出资人，评价目的也只是满足自己生产管理需要。因此，这一时期被称为一元评价主体时期。

2. 二元评价主体时期

18 世纪末与 19 世纪初，美国以棉纺织业和冶铁业为象征的工业革命以及 19 世纪中期大规模的铁路建设促进了大规模生产与分配，也促进了现代工商企业在其他经济部门兴起，美国铁路公司需有效地协调、控制与维护其自身。很多原本由股东完成的经营管理工作需要由具备专业知识和经验的经理人员代理。19 世纪末与 20 世纪初，美国企业兴起第一次合并浪潮。在这两种原因的推动下现代大公司逐渐形成。现代大公司的出现及资本市场的发展，分散了现代公司的所有权，使得公司所有权与控制权分离，公司的所有者不再是控制公司财富的人，取而代之的是公司的代理人（管理者）。

为了让企业的代理人（管理者）替自己获取最佳利益，所有者期望开发一些激励约束机制来奖惩管理者。但是代理人的努力程度难以观察，因此委托人只能通过对绩效的评价来实现度量代理人努力程度与有效地约束和激励他们行为的目的。同时，公司通过增加主权资本和向银行借债以弥补技术优势难以让公司在竞争中立于不败之地的不足。而出于收回借贷资本和获取利息等考虑，银行不再单凭主观判断和经验估测作为选择债务人、借贷数额等的依据，而是要求债务人提供财务报表等能体现债务人盈利和偿债能力的数据依据。可以说，在此之前，企业绩效评价的内容基本上全部是基于投资者与债权人利益的财务评价构成的。因而投资者与债权人构成了这一时期的二元财务评价主体。

3. 多元评价主体时期

利益相关者理论主张企业是由各个相关利益者组成的一个"契约联合体"，这些利益相关者受到企业经营活动直接或间接的影响，它们包括政府、员工、供应商、顾客、社区、居民以及自然环境等。企业或组织的发展离不开各种利益相关者的参与，它们的参与可以影响企业或组织的运营和行为，与此同时，企业或组织行为也同样可以影响到这些利益相关者的利益。企业不仅仅要为股东谋取利益，还要为包括政府、员工、顾客、供应商等利益相关者谋利益。股东仅仅向企业投入了物质资本，而员工、顾客以及其他利益相关者也向企业投入了自身的资本来维持企业的生存与发展。因而，企业的利益相关者们也需要对企业经营情况进行评价，以此了解自己向企业投入的物质、时间、精力、人力、知识以及社会资本等的利用情况。所以，此时企业的利益相关者构成了企业经营业绩的评价主体，这个时期被称为多元评价主体时期。

2.1.2 企业社会责任评价主体的确定

企业社会责任方面的研究要早于利益相关者理论方面的研究，前者主要研究企业对社会承担的责任，而后者则研究企业与利益群体之间的关系。一直以来，企业社会责任和利益相关者理论原本都作为彼此独立的研究领域各自发展，二者的全面结合趋势出现在 20 世纪 90 年代。利益相关者理论被认为是能够用来评估企业社会责任的"最为密切相关"的理论框架。但不同的利益相关者往往基于自身利益对企业进行评价，难以开发出一套具有普适性的评价体系。本书从投资者评价公司社会责任的动力和投资者在参与公司社会责任治理方面具有优于其他利益相关者的方式两方面来分析选取投资者为评价主体原因。

1. 投资者具有对公司责任进行评价的动力

Cornell 和 Shapiro（1987）认为，通过满足关键利益相关者的隐性需求可以提高企业的形象和声誉，积极地影响企业的业。Preston 与 O'Bannon（1997）通过研究进一步证实了 Cornell 的这种结论，他们发现社会责任与财务业绩始终存在显著的正相关关系。Frooman（1997）研究后同样发现企业社会责任行为与财务绩效具有正向关系。Simpson 和 Kohers（2002）以美国国有银行 1993—1994 年间的数据进行研究后发现企业社会绩效可以积极地影响其财务绩效。Homer H.Johnson（2003）认为，适当范围内企业承担社会责任并披露相关会计信息有利于增加其利润与价值，不合法与缺乏社会责任的企业行为对其财务业绩具有消极影响。Guenster 等（2005）通过对企业履行环保责任与 Tobin'S Q 值、ROA 之间关系的研究后认为低环保效率的企业其价值与 ROA 一定会更低。姚海鑫等（2007）从利益相关者角度研究了企业社会责任与股东财富之间的关系，提出企业承担社会责任可以增加股东财富的结论。投资者进行投资通常希望所投资对象业绩良好，能够保障投资安全并给自己带来收益。基于前人研究成果可知，企业承担社会责任的可以促进其绩效与价值的提高。

2. 投资者在参与社会责任治理方面具有优于其他利益相关者的方式

投资者参与公司社会责任治理方式很多，不同类型和不同参与动机的投资者会选择不同的参与方式。以机构投资者为例，Drucker（1991）认为，机构投资者并不是在平时过多地干涉企业经营决策，主要是以"强有力的所有者"的身份来保障董事会的有效性。Grundfest（1998）提出，机构投资者已经从"安静地"谈判转变为"吵闹地"谈判，并进一步过渡到"投反对票"决定、定期进行研讨磋商，甚至是提名经理候选人或者是通过股东大会争夺董事会席位的投票竞选行为。罗栋梁（2007）对这些方式进行了总结，认为机构投资者参与治理方式包括公开建议、行业组织监督、组成投资者联盟以及诉讼等九种。

2.1.3 现有企业社会责任评价体系述评

国际社会越来越重视企业社会责任以及对其进行量化，因而关于这方面的评价也多种多样，如 SA8000、多米尼道德指数、琼斯可持续发展指数、Footise for Good、Reputex 等。国外评价企业承担社会责任情况的早期研究大部分集中于两个方面：企业怎样处理社会问题与承担社会责任。如，Preston（1977）主张，应该根据企业处理社会问题的四个方面的内容对企业社会责任进行评价：对问题的认知、分析与计划、制定政策以及执行实施；Carroll（1979）根据企业面临的社会问题，从销售服务、保护环境以及雇用歧视三个维度建立了立体评价模型；Wartick 和 Cochran（1985）主张企业社会责任评价应该从四个方面搜集数据来开展：经济、法律、道德及其他责任。

其他一些评价企业社会责任的体系与指标主要有：控制污染与保护环境行为、KLD 的 Domini400 社会指数、企业声誉以及复合式评判（Bragdgon & Marlin，1972；Folger & Nurt，1975；Spicer，1978；Simpson & Kohers，2002）。企业者污染行为会议指数广泛地被用于控制污染及保护环境行为方面的研究。但是，污染控制指标只对某些产业才具有特殊效益，而且该指标只能部分地反映企业社会责任。同样，毒气排放量（Toxics Release Investory，TRI）与企业慈善事业指标也只适合用于某评价些产业的企业社会责任。而财富企业声誉报告（Fortune Corporate Reputation Report）则被普遍使用于企业声誉评价方面，它主要从三个角度进行综合衡量：外部企业经理人评价、资深企业经营者以及企业自身财务分析。通过八个维度的比较，评比出各产业中最具社会责任的前十等级企业，然后结合该等级生成一般企业声誉指数。财富企业声誉报告的缺点在于它容易受到人为主观感受和印象而造成对客观的误评。

　　20 世纪 90 年代之后，KLD 指数被广泛用于企业社会责任研究，它从与利益相关者之间关系来衡量企业社会责任。KLD 的 Domini400 评价企业社会责任的指数由社会型投资机构 KLD 研究开发，相比于早期的衡量方法，KLD 指数在以下方面有较好的完善：①大部分早期的衡量方法仅仅考察了某一行业的企业社会责任的某个维度，而 KLD 指数囊括了众多行业的各个方面，并且考察时期跨度较大，可较好地对企业社会业绩变化进行评价；② KLD 指数是基于独立分析部门的广泛调查而构建，具有较好的客观公正性；③由于 KLD 指数主要是从与利益相关者间关系的角度来衡量企业社会责任，因此 KLD 指数体现了利益相关者理论的精华。

　　与国外相比较，国内关于这方面的研究成果还比较少，主要是 2006 年后才引起学者广泛关注。古丽娜等（2004）以研究的相关性为前提，认为评价企业社会责任的具体流程为：识别企业利益相关者、设置权重、确定企业与利益相关者的关系体系以及设计评价体系。李立清（2006）以湖南省 2003 年度规模以上企业为母本框选取了 293 家企业作为样本，运用权数分配调查表，邀请了 46 位来自政府、企业以及企业社会责任研究领域的专家，提出他们觉得最恰当的权重，应用模糊评价法对样本企业承担社会责任情况进行了评价。王林萍等（2007）从经济效益、产品质量以及慈善公益等八个方面构建了农药企业社会责任评价指标，运用层次分析法计算出各指标的权数，并从横向与纵向比较两个角度提出不同的企业社会责任综合评价方法。陈留彬（2007）通过调查问卷获取了山东省企业承担社会责任情况的数据，并进行了实证研究，结果发现：①其他行业企业社会责任状况明显要好于能源行业；②大型与超大型企业社会责任状况明显要好于中小规模企业；③盈利能力较好的企业社会责任状况明显要好于盈利能力差的企业。熊勇清等（2008）质疑了运用 AHP 法对传统企业社会责任进行评价，并创新性地运用因子分析法来考察指标相互关系。

2.2 企业社会责任指标体系设计原则与流程

2.2.1 指标体系设计原则

1. 科学性原则

评价指标的选取必须依照科学的原理与理论，要可以体现企业社会责任特征。要采用科学的方法确定指标权重，筛选、计算和评价数据，并且要对所选指标与企业社会责任的关系进行准确、客观、全面的描述、分析和评价。

2. 可操作性原则

企业社会责任评价指标设计得再完整、再好，如果不具有可操作性都没有意义。企业社会责任评价指标的可操作性一方面是所选指标应尽可能兼容于我国现行评价工具，另一方面是所设计指标需要的数据要可获得，便于进行量化处理。

3. 可比性原则

可比性原则是指评价指标在不同对象之间以及不同时期之间可以进行比较，也就是所谓的横向可比性与纵向可比性。指标的可比性能保证评价指标在评价体系与过程中发挥应有作用，保证对企业社会责任评价的顺利进行。

4. 引导性原则

对企业社会责任进行的评价，目的并非是为了简单地评出优劣次序，而是将评价客体的目标和发展引向正确的方向，规范自身经营行为，积极主动地履行应负的社会责任。

2.2.2 指标体系设计流程

构建指标体系是一个"具体—抽象—具体"的辩证逻辑思维过程，是人们逐渐深入、完善以及系统化认识现象总体数量特征的过程，通常可分为三大步骤：理论准备、指标体系初选、指标体系优化。其具体流程图 2-1 所示。

公司社会责任评价系统构建是一个复杂的系统工程。公司社会责任评价指标体系的设计主要包括两大核心，也是两大难点：一是确定评价指标的构成。各项指标不仅要能够全面、科学、准确地反映公司社会责任的内涵与特征，而且不可以重复交叉。二是确定指标的权重。各项指标的权重要能够准确客观地反映出指标对公司社会责任的影响程度。所以，在设计公司社会责任指标体系时着重从指标的初步设计、筛选和确定指标权重入手。首先，归纳总结相关文献，并研究相关部门制订和颁布的条例、规定和指引等有关资料，初步设计出评价指标；其次，通过统计分析方法筛选初设指标；最后，选取科学可行的方法确定指标权重，从而设计出一套科学、可行的公司社会责任评价指标体系。

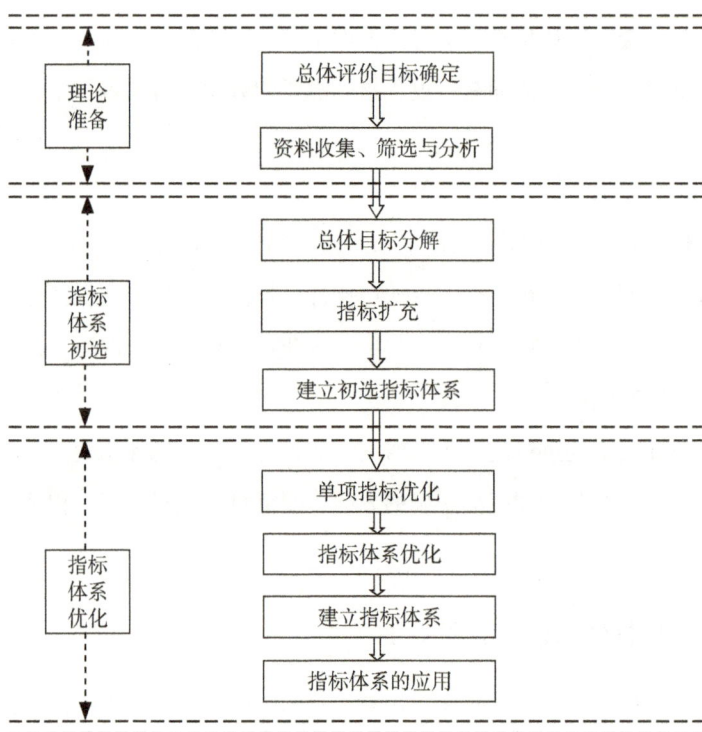

图 2-1 公司社会责任评价指标体系流程图

2.3 企业社会责任指标遴选

2.3.1 指标遴选的方法

构建评价指标体系不但要明确其构成，而且应明确指标结构。恰当的指标体系能够全面地反映评价客体的整体属性。反之，若指标体系未能完整反映出评价对象的整体特征，则评价结果可能会与实际情况相去甚远。因此，要选择适当的评价指标选取方法，这些方法主要分为定性与定量两大类。

1. 定性分析选取指标

所谓定性分析选取指标方法是指基于评价目的，运用系统思想，全面、深入、系统地分析评价对象结构，将其分解为各个维度，在深入分析每一维度属性基础上提炼能够反映各维度的指标，以此形成指标体系。

最具有代表性的定性分析选取指标方法是层次分析法。层次分析法较为直观，要求研究者深入全面地了解研究对象，熟悉研究对象特征，且能够将研究对象分解为不同的评价维度，并选取恰当的评价指标来衡量这些评价维度。根据人脑具有能将复杂问题逐步简化的特征这一基本原理，层次分析法先把某个复杂问题分解为若干有序层次，然后分别对各个层次进一步分解，即将目标层分解为准则层再分解为方案层，最后到可以用数据直接描述的层次。

层次分析法简单明了，可以有效地发现指标相互之间的逻辑关系。通过层次分析法构建的指标体系更能够全面与完整地反映评价客体的属性。但是，受知识结构不同，对问题的观察、理解和思辨视角差异等主观因素影响，不同评价主体对同一评价对象的分解方法常常不同，甚至同一评价主体对同一评价对象的指标选取也会随着时间而发生变化。这也是层次分析法的缺陷。

2. 定量分析选取指标

所谓定量分析是指依据统计数据，构建数学模型，并通过该模型计算出分析对象各指标与数值的指标选取方法。一般而言，定量分析选取指标分为三个基本步骤：①构建初选评价指标体系。首先要明晰评价对象内涵；其次运用定性分析选择与评价目标相关的指标，构建初设指标集。②分析指标特性。采用定量化方法分析各个指标反映评价对象各种属性的程度。③确定阈值并筛选指标。按照指标特性采用的方法确定一个阈值，并筛选出符合要求的指标。若只采用一种方法筛选出的指标体系依旧很大，可以采用其他的方法进一步对指标集进行筛选，直到筛选结果符合要求为止。

定量分析比较客观、科学可靠。一方面，定量分析是根据指标客观的统计数据做出判断，因而具有客观性；另一方面，定量分析指标筛选经过了严密的数学论证，具有可靠的理论基础和科学的方法。同时，定量分析也存在不足。一是定量分析依靠数量庞大的统计指标数据，工作量比较大；二是比较依赖数据质量。

很多学者提出要定性与定量分析相结合，如邱东等（1997）认为，先通过聚类分析将待优化指标集划分为若干类，再用数理统计方法从各类中选择具有代表性的指标，如此，可以获得代表性和全面性兼顾的指标体系。社会责任评价是一个复杂系统，对其进行探讨，需要全面考虑指标构成和指标结构。鉴于本书的目的是构建一套具有科学依据和实践应用价值的社会责任评价指标体系，本书拟采用定性与定量相结合的方法来构建评价指标体系，即先用定性方法初步构建全面、完整和具有代表性的指标，然后运用定量分析方法对初设指标进行筛选并赋权，以保证评价指标的科学客观。

2.3.2 指标的确定

1. 指标体系的初步构建

借鉴前人研究成果和相关文献，结合理论分析，本书初步构建了一个包含 7 个准则层指标、51 个方案层指标的酒店上市公司社会责任指标体系。初选指标体系有效性和代表性等并未得到保证，必须对其进行进一步的检验。本书运用专家咨询法对构建的初选指标体系进行筛选。本书在选择专家过程中主要依据如下准则：一是对酒店社会责任比较熟悉；二是在相关领域内（投资、酒店方面）工作一定年限（三年及以上），能够根据自己的工作经验提供详细的信息。

2. 指标的筛选

　　根据国内外经验，专家咨询法可充分运用专家的知识、经验和智慧有效解决非结构化问题。因此，专家咨询法被广泛地用于预测和评估的研究和实践工作当中。本书通过电子邮件、现场调查等方式邀请专家对初选指标体系进行评价和修正。这些专家分别为证券研究机构、机构投资部门、信贷业务部门、高校酒店相关专业教授等，具有广泛的代表性。调查时间为 2011 年 7 月初至 2011 年 8 月底，共邀请 70 位专家参与，其中，通过电子邮件的方式向专家发放问卷 39 份；通过和中国科学技术大学 MBA 研究中心研究人员达成合作向该校 MBA 人员发放问卷 20 份；通过导师合作关系及其他途径向专家发放问卷 11 份。最终，收回问卷 53 份，筛除不符合条件的专家问卷，最终获得 36 份有效问卷（专家概况如表 2-1 所示）。问卷回收率和有效回收率分别为 75.71% 和 51.43%。在获得数据后，本书分别运用鉴别力分析和相关性分析对初步构建的指标体系的独立性和代表性进行验证，以进一步优化初选指标体系。

表 2-1 专家基本情况

	专家背景	人数	比例		专家背景	人数	比例
从事该职业的时间	1—3 年	0	0.0%	对酒店上市公司社会责任熟悉程度	非常熟悉	10	27.8%
	3—5 年	16	44.4%		比较熟悉	22	61.1%
	5—7 年	12	33.3%		一般	4	11.1%
	7 年以上	8	22.2%		不太熟悉	0	0.0%
职业	信贷业务经理	6	16.7%		很不熟悉	0	0.0%
	高校旅游企业或酒店管理领域研究人员	8	22.2%	文化程度	大专	8	22.2%
	投资经理	8	22.2%		本科	12	33.3%
	证券分析研究人员	6	16.7%		硕士	8	22.2%
	投资顾问	8	22.2%		博士及以上	8	22.2%

（1）指标体系鉴别力分析

　　指标鉴别力是指标区分评价对象特征差异的能力。选取的指标要能辨别酒店上市公司社会责任。如果各指标值在不同评价单元间差异显著，那么这一指标具有的鉴别力较强，能够较好地分辨各指标之间的信息。反之，选取的指标鉴别力较弱，应予以剔除。离散系数（也称为变异系数）能较好地分辨指标的鉴别力，本书采取计算各个指标值的离散系数的方法来度量其鉴别力。指标值的离散系数越大，其鉴别力越强；反之，指标离散系数越小，则其鉴别力越弱。假设有 n 个评价单位各自对 m 个指标进行评分，xi 表示第 i 个评价单位对指标的评分值，则离散系数的计算公式为：

$$CV = \sigma / \mu \qquad (2-1)$$

其中，μ 为各指标的均值，即 $\mu = \frac{1}{n}\sum_1^n x_i$ ；σ 为各指标值的标准差，

即 $\sigma = \sqrt{\frac{1}{n-1}\sum_n^1 (x_i - \mu)^2}$ 。

本书首先根据初选指标体系设计了 5 点式李克特量表初始问卷，请各位专家单独根据自己对酒店上市公司社会责任的认知情况对每个初选指标的重要程度打分，分值越大表示重要性程度越高，1 表示"很不重要"，5 表示"非常重要"。根据上述离散系数的计算方法，以回收的问卷数据对各个指标进行计算，分别求出各个初选指标的离散系数，具体结果见表 2-2。

表 2-2 初选指标的离散系数

指标	离散系数	指标	离散系数
对投资者的责任		**对员工的责任**	
长期偿债能力	0.213213	员工歧视	0.222222
偿付利息债务的能力	0.22	支持员工加入工会组织	0.2
股东投资的安全程度	0.210485	法定福利支付率	0.12482
债权人资本受股东权益保障程度	0.155415	对国家相关社会保障法律法规执行情况	0.210145
短期偿债能力	0.297101	员工人均所得	0.210485
企业的发展能力	0.222222	员工工资增长率	0.213213
债权人收益支付程度	0.098846	员工工资支付情况	0.206048
股东收益支付程度	0.067251	工资费用比	0.143449
公司为股东获利的能力	0.213213	员工职业发展	0.204718

（续表）

指标	离散系数	指标	离散系数
公司运用自有资本的效率	0.28691	对供应商的责任	
债权人的利息收入	0.288194	支付供应商货款的能力	0.204718
信息公开及时性	0.138889	支付供应商货款的时效性	0.253968
信息公开的完整性	0.166667	企业信用	0.151762
信息公开的准确性	0.130556	对政府的责任	
信息公开的真实性	0.104938	就业贡献率	0.132132
是否披露年度社会责任报告	0.210485	社会积累率	0.139683
公司治理结构是否完善	0.093567	就业岗位的提供	0.210485
对环境的责任		辞退福利支出比率	0.152174
是否通过 ISO14000 环境管理体系	0.111111	社会贡献率	0.194444
绿色饭店国家标准等级	0.154147	遵纪守法情况	0.222222
是否制定并实施企业环境保护规划和细则	0.281046	对相关税收法律法规遵守情况	0.210145
对环境保护的投入力度	0.262852	税收法律责任	0.128205
加入绿色饭店组织	0.136201	对社会劳动资源利用水平	0.204718
环保投入比率	0.251634	对政府的贡献程度	0.212121
对顾客的责任		对公益慈善的责任	
酒店星级	0.138889	社会捐助	0.210145
三星级以上服务人员资格申报人数	0.125978	公益事业投入	0.23913
主营业务成本率	0.213213		
销售额增长率	0.204718		

根据上述初选指标离散系数的计算结果，以经验数值 0.2 为阈值删除离散系数小于 0.2 的指标，暂时保留其他指标。从而解决指标鉴别力低的问题，减小初设指标的重复性问题，保证指标的代表性和重要性。

（2）指标体系相关性检验

经过指标鉴别力分析剔除重要性低的指标后，还需要对指标之间的相关性进行检验，以剔除相关性过大的指标，减少重复使用评价对象信息，降低评价的复杂性，提高指标体系的科学性。本书运用 SPSS17.0 对指标进行相关性分析，并以 0.7 作为临界值对指标进行相关性筛选。筛选具体情况见表 2-3。

表 2-3 相关系数过大的指标对

指标对		相关系数	保留指标
员工工资增长率	员工工资支付情况	0.825	员工工资增长率
环保投入产出比率	对环境保护的投入力度	0.742	环保投入比率

通过对指标进行筛选，形成一个包含 7 个一级指标和 28 个二级指标的酒店上市公司社会责任指标体系（如表 2-4 所示）。该指标体系基本上能保证指标体系既全面、准确地反映酒店上市公司社会责任内涵与特征，又可以避免重复与交叉。

表 2-4 优化后的酒店上市公司社会责任指标体系

目标层	准则层	方案层
酒店上市公司社会责任 B	B_1 对投资者的责任	B_{11} 长期偿债能力、B_{12} 偿付债务利息的能力、B_{13} 股东投资的安全程度、B_{14} 短期偿债能力、B_{15} 企业的发展能力、B_{16} 公司为股东盈利的能力、B_{17} 公司运用自有资本的效率、B_{18} 债权人的利息收入、B_{19} 披露年度社会责任报告
	B_2 对环境的责任	B_{21} 制定并实施企业环境保护规划和细则、B_{22} 环保投入比率
	B_3 对员工的责任	B_{31} 员工歧视、B_{32} 支持员工加入工会组织、B_{33} 对国家相关社会保障法律法规执行情况、B_{34} 员工人均所得、B_{35} 员工工资增长率、B_{36} 员工职业发展
	B_4 对供应商的责任	B_{41} 支付供应商货款的能力、B_{42} 支付供应商货款的时效性
	B_5 对政府的责任	B_{51} 就业岗位的提供、B_{52} 遵纪守法情况、B_{53} 企业对社会劳动资源的利用水平、B_{54} 对相关税收法律法规遵守情况、B_{55} 企业对政府的贡献程度
	B_6 对顾客的责任	B_{61} 主营业务成本率、B_{62} 销售额增长率
	B_7 对公益慈善的责任	B_{71} 社会事业捐助、B_{72} 公益捐款

2.3.3 指标诠释与衡量

相比较于国外，国内企业社会责任研究相对落后，缺乏 KLD 和财富社会名誉调查等相对成熟的数据库和社会责任评价指标体系。这给企业社会责任研究，尤其是实证方面研究，带来了比较大的困难，这些困难同样给本书造成了一定局限。针对上市公司社会责任评价方面的研究，我国大部分学者都是基于财务数据来进行的，对非财务指标则采用主要数据来测度指标，如以高管团队女性比例来测度员工歧视这一指标。本书在这些方面充分借鉴了前人在相关方面的成果。

1. 对投资者的责任

（1）B_{11} 长期偿债能力

酒店上市公司长期偿债能力越强，其债务偿还就越有保证，债权人贷款安全性越有保障，表明酒店上市公司对债权人履行社会责任能力越强。本书采用资产负债率来衡量酒店上市公司的长期偿债能力，其计算公式为：（负债总额／资产总额）×100%。

（2）B_{12} 偿付债务利息能力

利息保障倍数是指企业生产经营所获得的息税前利润与利息费用之比。学者普遍将其用于衡量企业支付负债利息能力。本书选取该财务比率来衡量酒店上市公司偿付债务利息能力。该指标值越高，酒店上市公司偿付债务利息能力越好，债权人投资收益越能得到保证。

（3）B_{13} 股东投资的安全程度

每股净资产反映每股股票所拥有的资产现值。一般而言，每股净资产越高越好。每股净资产越高，表明公司发展潜力与投资价值越大，投资者所承担的投资风险越小。根据前人的研究，股东投资的安全程度和公司的稳定性很大程度上在每股净资产这一指标得到反映。每股净资产越高，公司的稳定性越好，股东的投资安全也越有保障。

（4）B_{14} 短期偿债能力

速动比率速动比率是指速动资产对流动负债的比率。其计算公式为：速动比率＝速动资产／流动负债＝（流动资产－存货－预付账款－待摊费用）／流动负债。它衡量企业流动资产中可立即变现用于偿还流动负债的能力，是企业短期偿债能力的体现，反映企业应对流动负债有多少速动资产作为保障通常，企业短期偿债务能力以及债权人在公司投资保障程度与速动比率正相关。

（5）B_{15} 企业的发展能力

资本保值增值率是指扣除客观增减因素后，企业本年末所有者权益与年初所有者权益的比值，即资本保值增值率＝（年末所有者权益／年初所有者权益）×100％。该指标反映了投资者投入企业资本的保全性与增长性，该指标值越高，表明企业的资本保全状况越好，所有者权益增长越快，债权人的债务越有保障，企业发展后劲越强。本书借鉴叶陈刚等（2008）的研究，选取资本保值增值率来测度企业发展能力。

（6）B_{16} 公司为股东盈利的能力

每股收益是反映为股东盈利能力最重要的衡量指标，直接反映股东资本所能带来的收益。一般情况下，每股收益的高低体现了公司满足股东获利目标的程度以及保障股东利益程度的高低。熊勇清等（2008）也将每股收益来衡量企业对股东的责任。

（7）B_{17} 公司运用自有资本的效率

资产收益率又称资产回报率（ROA），是指企业净利润与平均资产总额的比率，以公式表达即资产收益率＝（净利润／平均资产总额）×100％。资产收益率越高，说明企业自有资产的经济效益越好，投资者的风险越少，值得投资者继续投资，对股份有限公司来说，就意味着股票升值。

（8）B_{18} 债权人的利息收入

债权人利息收入从企业角度即为企业的利息支出，该指标数据可以直接从上市公司年报中财务费用下的利息支出获取。利息支出越大说明企业支付给债权人的利息越多，债权人对企业投入资本回报越高，表明企业对债权人履行的责任越强。

（9）B_{19} 披露年度社会责任报告

发布年度社会责任报告是向投资者主动提供承担社会责任履行信息，是向投资者履行信息披露的责任，报告内容本身也是关于社会责任履行。本书以定性方法来对该指标进行衡量，发布年度社会责任报告该指标值为"1"，未发布为"0"。

2. 对环境的责任

（1）B_{21} 制定并实施企业环境保护规划和细则

Belaid Rettab（2009）等人在研究中将公司在组织计划中制定环境绩效目标作为衡量企业环境责任的指标之一。借鉴他们的研究成果，以上市公司在其年报和社会责任年度报告等公告中是否制定并实施企业环境保护规划和细则来反映酒店上市公司对环境责任的履行情况，对环保意识的强弱。该指标为定性指标，即如果上市酒店其相关公告中制定并实施了环境保护规划和细则该指标取"1"，否则为"0"。

（2）B_{22} 环保投入比率

梁大为（2010）、黄娟（2010）等构建的企业社会责任评价体系中以环保投资率或环保支出与主营业务收入总额比来衡量企业对环境保护的力度，本书借鉴了他们的研究成果。以环保投资率来反映酒店上市公司在环保方面投入的力度，该指标越高，反映酒店上市公司在环保方面的投入力度越大，履行对环境的社会责任越好。

3. 对员工的责任

（1）B_{31} 员工歧视

酒店上市公司要为员工提供公平就业机会、晋升机会、接受培训教育机会等，不可因种族、民族、国籍、宗教、性别、年龄等对员工做出歧视行为，本书借鉴宋建波等（2009）的研究以高管团队中女性比例来衡量。

（2）B_{32} 支持员工加入工会组织

工会作为员工的团体组织，在员工维权、开展各项工余活动等方面发挥重要的作用，是员工的归属。酒店上市公司对员工加入工会组织的支持是其对员工社会责任履行程度的重要体现，基于数据可获取性的原则，本书以工会经费来衡量企业对工会建设支持力度，进而从侧面反映企业支持员工加入工会组织的力度。

（3）B_{33} 对国家相关社会保障法律法规执行情况

借鉴赵杨等（2010）、严复海等（2009）的研究，本书以社保提取率来反映酒店上市公司对国家相关社会保障法律法规执行情况指标，即已提取社保基金与按相关法律规定应提取的社保基金的比值。该指标值越大则表明酒店上市公司对国家相关社保法律法规执行越好。

（4）B_{34} 员工人均所得

员工向企业投入了劳动、精力等，应该获得合理报酬。员工人均所得体现了员工对酒店上市公司取得的经济成果的分享程度，是酒店上市公司履行对员工责任的重要体现，其计算公式为：员工人均所得 = 企业支付给职工以及为职工支付的现金 / 企业员工人数。

（5）B_{35} 员工工资增长率

该指标反映了企业员工劳动报酬权的保障和对企业增长利润的分享程度，从侧面体现企业对员工责任的履行程度，其计算方式为：企业本年度员工工资增长额与上年度员工工资额之比。

（6）B_{36} 员工职业发展

借鉴叶陈刚等（2008）、周旭卉（2009）的研究，本书以职工人均年教育经费来反映酒店上市公司为员工继续教育和技术培训所投入的经费多少，由财务报表上来反映，即应付职工薪酬中的教育经费与企业员工人数的之比。该比值越大，说明企业对员工继续教育与职业发展越重视。

4. 对供应商的责任

（1）B_{41} 支付供应商货款的能力

企业资金越雄厚，越有能力支付供应商货款。而作为流动性最强的现金能在短时间内用于支付，因此以现金与应付账款比率来衡量企业支付供应商货款的能力。即现金与应付账款比率越大，酒店上市公司越有能力支付供应商货款。供应商就越有可能收回货款，其利益越有保障。

（2）B_{42} 支付供应商货款的时效性

应付账款周转率反映了企业应付账款的流动程度。如果企业应付账款周转率较高，则企业占用供应商货款程度较低。梁大为（2010）将其用于衡量企业支付供应商货款的时效性。应付账款周转率越高，表明酒店上市公司向供应商支付货款越积极，对其利益照顾则越多。

5. 对政府的责任

（1）B_{51} 就业岗位的提供

政府作为社会公共事务的管理者，关心社会成员就业等公共问题，企业若能很好地提供就业岗位，则能为政府减轻负担，也是企业履行对政府责任的重要体现。本书以企业就业人数来衡量这一指标，这种指标衡量方法也见于姜万军等人（2006）的研究中。

（2）B_{52} 遵纪守法情况

在前人的研究中，罚款支出比率广泛用于衡量企业遵纪守法情况，如宋建波与盛春燕（2009）、梁大为（2010）等。本书将沿用这一指标。该指标值越高，企业遵纪守法情况越差。

（3）B_{53} 对社会劳动资源的利用水平

借鉴现有研究成果，本书选用全员劳动生产率来衡量该指标，其计算公式为：企业收入总额与员工总人数之比，它反映酒店上市公司对社会劳动资源利用水平，从侧面说明酒店上市公司为提高社会劳动者素质所履行的责任。

（4）B_{54} 对相关税收法律法规遵守情况

照章纳税是企业应尽的义务和责任，资产纳税率即纳税总额与企业总资产的比率，表明每一元资产纳税的额度。本书借鉴赵杨等（2010）的研究，以该指标来衡量酒店上市公司对相关税收法律法规遵守情况。

（5）B_{55} 企业对政府的贡献程度

基于政府视角，本书借鉴财政部对国有企业国有资本金评价的社会贡献率指标来衡量企业对政府的贡献程度。其计算公式为：社会贡献率＝社会贡献总额／平均资产总额 ×100%。其中：社会贡献总额包括劳保退休统筹及其他社会福利支出、净利润、工资、利息支出净额、应交或已交各项税费等。

6. 对顾客的责任

（1）B_{61} 主营业务成本率

该指标反映酒店上市公司在制定价格时，越考虑顾客的利益，则给顾客的让利就会越多，由此导致主营业务毛利率则越低，从而主营业务成本率就会越高，企业为顾客利益所做的让步，间接反映了企业对顾客责任的履行状况。

（2）B_{62} 销售额增长率

销售额增长率体现了酒店上市公司为顾客提供的产品与服务质量情况，该指标值越高，说明企业提供的产品和服务得到顾客的支持与认可越多，保持了良好声誉，持续地吸引了更多的顾客，从而促进销售额不断增长，与顾客建立长期、稳定的买卖关系。该指标在姜万军等（2006）、李雄飞（2009）等研究中得到广泛应用。

7. 对公益慈善的责任

（1）B_{71} 社会事业捐助

Belaid Rettab 等人（2009）认为企业对社区社会的责任包括赞助企业所在社区的慈善团体、帮助提高所在社区生活质量、向所在社区的艺术、文化、体育与教育事业提供经费支持。因此，借鉴他们的研究，我们可以将企业对社区水利工程、社区基础设施建设、社区科教文体卫生事业等的赞助从侧面来反映企业对社会事业支持情况。

（2）B_{72} 公益捐款

该指标反映酒店上市公司对困难人群，对由自然灾害（如地震、冰灾等）造成损失的受灾群体承担的伦理道德责任，从数据上来体现，主要取自于上市公司年报中营业外支出的对外捐赠或公益性捐赠等项。

2.4 企业社会责任指标权重选择与确定

2.4.1 确定指标权重的方法选择

国内外有关指标权重的计算方法有很多，按照确定权重时原始数据来源以及计算过程的差异，主要有以下三大类：

1. 主观赋权法

主观赋权评估法采取定性方法，由专家遵照经验做出主观判断得到权数，之后再综合评估各项指标。依据实际情况，专家可以比较合理地对各指标进行排序。主观赋权法通常能某种程度上有效地获得指标重要性程度权重的次序。主观赋权法的不足在于其主观随意性较大，得到的权重会随着专家选取的不同而存在差异。这一缺陷可通过增加专家数量、谨慎选取专家等方式来加以改进。该类方法主要有层次分析法、环比评分法、最小平方法、模糊分析法、专家调查法（Delphi 法）、序关系分析法（G1 法）等。其中，层次分析法能够层次化复杂问题并把定性问题定量化，因此它是通常用于实践中较多的方法。由于层次分析法的不断改进，运用层次分析法进行主观赋权的方法将越来越完善，也更能够满足现实需要。

2. 客观赋权法

所谓的客观赋权评估法是指根据历史数据研究指标间相关关系或指标与评估结果关系来进行综合评估的赋权方法，其原始数据取自评价矩阵的实际数据，依照评价指标对评价方案的差异大小来确定其权重。客观赋权法确定的权重决策或评价结果具有较强数学理论支撑与客观性。然而客观赋权法取决于实际问题，故通用性与决策人的可参与性不足，较少考虑决策者主观意愿，同时计算方法一般也相对繁琐。实际操作上，运用客观赋权法计算的指标权重大小并不一定与其重要性程度成正比，甚至有悖于与各属性的实际重要程度。客观赋权法除了常用的最小二乘法和特征向量法以外，还有最大熵技术法、熵权信息法、均方差法、离差最大化法、简单关联函数法以及多目标规划法等。

3. 主客观综合赋权法

为有效整合主观赋权法和客观赋权法的优点，学者们提出了主客观综合赋权法。徐泽水等（2002）、郭红玲等（2007）、陈伟等（2007）都分别用不同的模型和方法对主客观综合集成赋权法进行了研究并取得相关研究成果。总体来说，经过对已有综合集成赋权法进行对比分析发现，综合主客观影响因素的综合集成赋权法已有多种形式，但根据不同的原理，主要有以下三种：①将各评价对象综合评价值最大化为目标函数，这种综合集成赋权法主要有基于单位化约束条件的综合集成赋权法等；②于可选权重间寻求一致或者妥协，即将可能的权重和各基本权重间的自身偏差极小化，此类方法主要有基于博弈论的综合集成赋权法；③使各评价对象综合评价值尽可能拉开档次，也使各决策方案的综合评价值尽可能分散作为指导思想，该类方法常见于基于离差平方和的综合集成赋权法。

4.本书所采用的指标权重确定方法

选择与指标体系契合的权重确定方法能有效保证评价结果的科学与准确。如前文所述，上市公司社会责任评价是一个层次复杂的系统工程，本书采用定量与定性相结合的方法构建评价指标体系，并从评价目标开始将评价维度进行层层分解直到最后可操作性层次。因此，需要寻求一种能够进行复杂层次结构的多目标决策分析赋权方法。而层次分析法则通常用来处理这类问题。

层次分析法是指将复杂多目标决策问题看成一个系统，将目标细分成多个目标或准则，并进一步细分成多指标（或准则约束）的各个层次，采取定性指标模糊量化方法计算得到层次单排序与总排序，以作为目标、多方案优化决策的系统方法。层次分析法通常被用于对具有复杂层次结构的多目标问题进行决策，对问题的多种因素进行之后构造层级结构，并结合主观判断信息对定量方案进行优序排列。层次分析法具有扎实的理论基础，而且原理比较简单，非常适合解决定量与定性方法相结合的优秀决策问题，尤其是在定性因素起主导作用的情况下。因此层次分析法被广泛地运用于科学研究，如李鹏雁等（2007）通过层次分析法综合评价了我国商业银行不良资产证券化风险。李柏洲等（2010）采用层次分析法设计了大型企业原始创新能力评价指标体系，并得出相关要素的排序。

2.4.2 指标权重的确定

层次分析法是美国运筹学家匹茨堡大学教授萨蒂（T.L.Saaty）提出的决策分析方法。层次分析法根据问题的性质和要达到的总目标，将问题分解为不同组成因素，并按照因素间的相互关联影响以及隶属关系将因素按不同层次聚集组合，构成多层次分析结构模型，最后将问题归结为最底层相对于最高层相对重要权值或优劣次序的确定。其操作步骤为：

1. 构造层次结构模型

根据评价目标、评价方法的要求及评价指标间相互影响和隶属关系将有关因素依据不同的属性从上到下依次分解成目标层、准则层以及方案层，构造层次结构模型；目标层即酒店上市公司社会责任总体评价；准则层是评价各方面；方案层是对准则层的细分，是评价工作具体执行方面。根据酒店上市公司的评价目标和前文设计的指标，本书层次结构如图2-2所示。

2. 构造两两比较判断矩阵

自第2层起，采用成对比较法和1—9标度（表2-5）对隶属或者影响上层各因素的同层诸因素构建判断矩阵，直至最下层。

表 2-5 判断矩阵 1—9 标度

标度 aij	定义	说明
1	i 因素与 j 因素相同重要	$a_{ij}=1$，$a_{ji}=1$
3	i 因素比 j 因素略重要	$a_{ij}=3$，$a_{ji}=1/3$
5	i 因素比 j 因素较重要	$a_{ij}=5$，$a_{ji}=1/5$
7	i 因素比 j 因素非常重要	$a_{ij}=7$，$a_{ji}=1/7$
9	i 因素比 j 因素绝对重要	$a_{ij}=9$，$a_{ji}=1/9$
2，4，6，8	为以上判断之间的中间状态对应的标度值	
倒数	j 因素与 i 因素比较	$a_{ij}=1/a_{ji}$

请 m 位专家根据自己对上市公司社会责任的熟悉程度采用1—9标度法对各指标作两两之间的对比打分，如表2-6所示：

表 2-6 专家判断矩阵打分表

A_K	B_1	B_2	B_3	...	B_n
B_1	a_{11}	a_{12}	a_{13}	...	a_{1n}
B_2	a_{21}	a_{22}	a_{23}	...	a_{2n}
B_3	a_{31}	a_{32}	a_{33}	...	a_{3n}
⋮	⋮	⋮	⋮	⋮	⋮
B_n	a_{n1}	a_{n2}	a_{n3}	...	a_{nn}

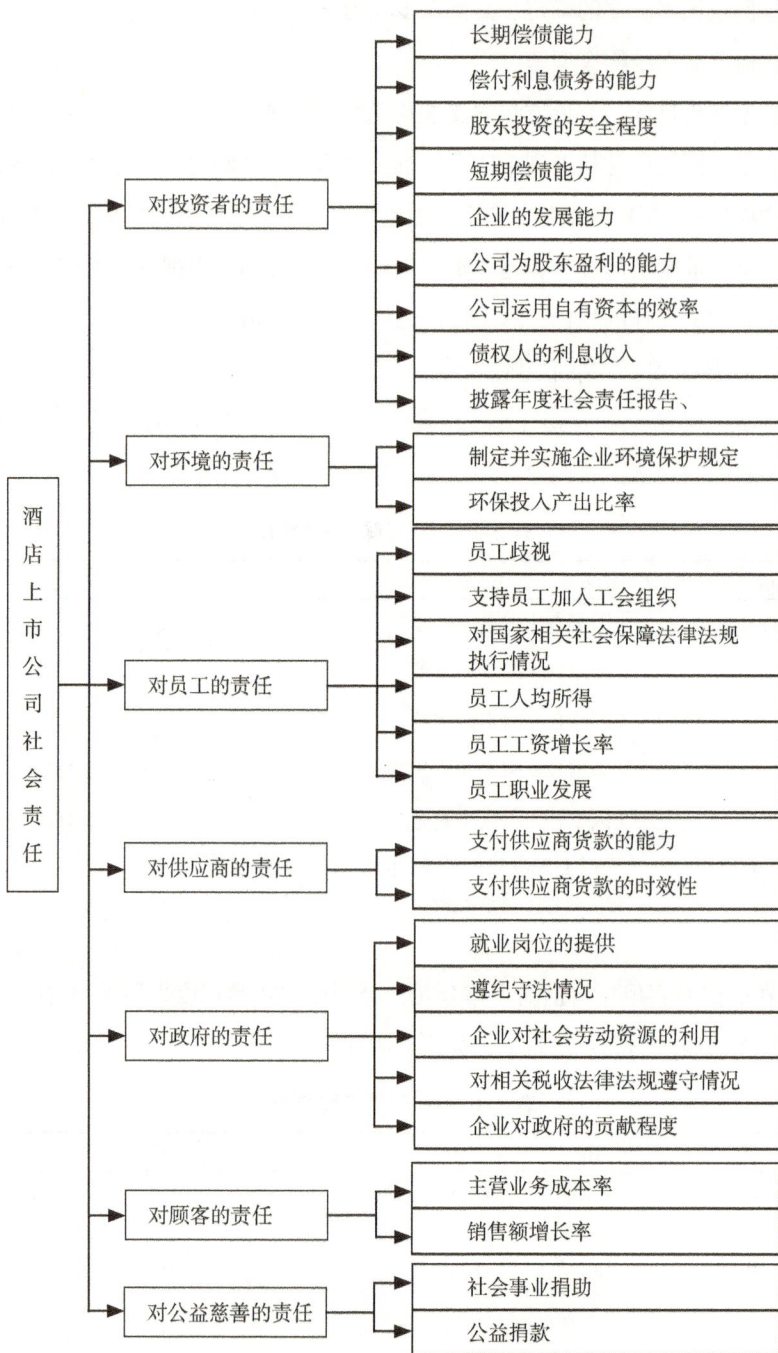

图 2-2 上市公司社会责任评价指标层次结构图

以专家对指标打分数据形成 m 个判断矩阵。判断矩阵一般为如下形式：

$$
A=\begin{bmatrix}
a_{11} & a_{12} & a_{13} & \cdots & a_{1n} \\
a_{21} & a_{22} & a_{23} & \cdots & a_{2n} \\
a_{31} & a_{32} & a_{33} & \cdots & a_{3n} \\
\cdots & \cdots & \cdots & \cdots & \cdots \\
a_{n1} & a_{n2} & a_{n3} & \cdots & a_{nn}
\end{bmatrix}
\qquad （2-2）
$$

其中 a_{ij} 具有以下性质：① $a_{ij} \geq 0$ ；②当 i=j 时，$a_{ij}=1$ ；③ $a_{ij}=\dfrac{1}{a_{ji}}$ 。

3. 确定各层次权重

计算某一层次指标相对于上一层次的权重，简单而言，即为计算判断矩阵最大特征根和相对应的特征向量，将其归一化后即为相对权重向量。这里采用较常用的"和法"来计算最大特征根，详细计算过程如下：

（1）求指标相互重要程度的平均值矩阵

对 m 个判断矩阵 AK=（a_{ij}k）n×n，（K=1,2,…,m）求平均值，得出指标相互重要程度的平均值矩阵 $\overline{A}$ =（$\overline{a_{ij}}$）n×n,其中：

$$
a_{ij}=（\prod_{k=1}^{m} a_{ij}^{k}）1/m \qquad （2-3）
$$

（2）对矩阵进行归一化处理

将判断矩阵的每一列归一化，得到归一化矩阵：

$$
\overline{A} = （\overline{a_{ij}}）n×n \qquad （2-4）
$$

其中，$\overline{a_{ij}} = \dfrac{a_{ij}}{\sum\limits_{i=1}^{n} a_{ij}}$ i,j=1,2,3……n

（3）利用归一化矩阵得到新向量

将归一化矩阵按行相加，得到向量

$$
\overline{W_i} = \sum_{j=1}^{n} b_{ij} \qquad （2-5）
$$

（4）求得指标权重向量

将向量进行归一化，得到所求特征向量：

$$W= \frac{\overline{W_i}}{\sum_{j=1}^{n} \overline{W_j}}$$

（2-6）

该向量即为指标权重向量。

4. 对判断矩阵进行一致性检验

首先计算最大特征值：$\lambda_{max}= \frac{1}{n} \sum_{i=1}^{n} \frac{(Aw)_i}{w_i}$，一致性指标 $CI= \frac{\lambda_{max}-n}{n-1}$，

一致性比率 $CR= \frac{CI}{RI}$，其中 RI 为随机一致性指标，其值可查表得到，如下表：

表 2-7 随机一致性指标 RI

n	1	2	3	4	5	6	7	8	9	10	11
RI	0	0	0.58	0.90	1.12	1.24	1.32	1.41	1.45	1.49	1.51

一般只要 $CR \le 0.1$，则可接受判断矩阵的一致性。

| 第三章 |

基于集对分析视角的企业社会责任评价研究

3.1 酒店上市公司社会责任评价及集对模型构建

由于不同利益相关者之间利益诉求不同，甚至是相互冲突，所以酒店上市公司对不同社会责任对象多大程度上履行社会责任才是很好地承担了社会责任，这一问题具有不确定性，而且影响酒店上市公司履行社会责任的因素也具有不确定性。基于集对分析理论，本书将确定性和不确定性集合于同一系统中来对它们进行研究。

3.1.1 集对分析及其同一度

集对分析的理论与方法至今已在社会经济、科学研究、工程技术和哲学等领域得到了广泛应用。所谓集对指有一定联系的两个集合组成的对子，例如武器与装备、军事与国防、指挥与决策、价值与价格等等。在具体分析过程中，集对分析将集对的确定性联系分为"同一联系"与"对立性联系"，并借用哲学术语称集对的不确定性联系为"差异不确定性联系"或"差异性联系"。为方便起见，三中联系又分别简称为"同"、"反"、"异"，三者之间彼此互相联系、互相影响、互相制约，在一定条件下相互转化。

给定两个集合 A 与 B 并设其组成集对 H=（A,B），在某具体问题背景（设为 W）下，我们展开分析其特性，总共获得 N 个特性（此 N 个特性无权重差别），其中：有 S 个特性为集对 H 中两个集合 A 与 B 共同具有；在 P 个特性上集合 A 和 B 相对立；在其余的 F=N － S － P 个特性上既不相互对立，又不为这两个集合所共同具有，则称：

$\frac{S}{N}$ 为该集对在问题 W 下的同一度（简称同一度）；

$\frac{F}{N}$ 为该集对在问题 W 下的差异度（简称差异度）；

$\frac{P}{N}$ 为该集对在问题 W 下的对立度（简称对立度），且以公式

$$\mu（W）= \frac{S}{N} + \frac{F}{N}_i + \frac{P}{N}_j \qquad (3-1)$$

统一表示，其中，μ（W）被称为集对的同异反联系度（简称联系度），上式即为联系度定义式。为方便起见，我们常用下面公式来代替：

$$\mu（W）=a+b_i+c_j \qquad (3-2)$$

式中的 a= $\frac{S}{N}$、b= $\frac{F}{N}$、c= $\frac{P}{N}$。

联系度 μ 是研究对象 H 在指定问题背景 W 下某一个分析过程 T 的函数，即：

$$\mu =f（H,W,T）$$

通常，这里所指的 μ 是关于两个集合或者一个系统在指定问题与分析过程中所得到的同一度、差异度以及对立度代数和。因此，μ 又常被称为联系度表达式，而在运算分析时，可将其看成一个数，并称之为联系数。

集对同一度通常为组成集对的两个集合共同具有某些特性的情况，当不考虑特性权重时，即为它们共有特性个数与特性总个数的比值。若所论两个集合为两个非负有理数时，则其同一度即为较小有理数与较大有理数的比值。

3.1.2 集对模型的构建

1. 构造评价矩阵

假定 M_1，M_2，∧，M_n 总共 n 个待评价对象构成了评价集，各待评价对象有 C_1，C_2，∧，C_m 共 m 个评价指标，并有一一对应的指标值，记为 d_{ij}（i=1,2…,n；j=1,2,…m），其中效益型指标与成本型指标分别为 I_1 和 I_2，那么基于同一度的酒店上市公司社会责任评价矩阵 H 为：

$$H= \begin{bmatrix} d_{11} & d_{12} & \cdots & d_{1n} \\ d_{21} & d_{22} & \cdots & d_{2n} \\ \vdots & \vdots & \vdots & \vdots \\ d_{m1} & d_{m2} & \cdots & d_{mn} \end{bmatrix} \qquad （3-3）$$

理想方案 $M_0= \begin{bmatrix} d_{01} & \cdots & d_{0j} & \cdots & d_{0m} \end{bmatrix}^T$，其中，$d_{0j}$ 为理想第 j 个指标值，其值取 H 矩阵中 j 个指标的最优值。

将待评价矩阵指标值 d_{ij} 与理想方案对应指标值 d_{0j} 进行比较，则可得到待评价对象与理想方案指标不计权同一度矩阵 Q：

$$Q= \begin{bmatrix} a_{11} & a_{12} & \cdots & a_{1n} \\ a_{21} & a_{22} & \cdots & a_{2n} \\ \vdots & \vdots & \vdots & \vdots \\ a_{m1} & a_{m2} & \cdots & a_{mn} \end{bmatrix} \qquad （3-4）$$

式中，元素 a_{ij} 是指待评价对象指标值 d_{ij} 与 M_0 对应指标 d_{0j} 的同一度，即：

$$a_{ij}= \frac{d_{ij}}{d_{0j}} ，（d_{ij} \in I1）$$

$$a_{ij}= \frac{d_{ij}}{d_{0j}} ，（d_{ij} \in I2）$$

2. 构造初始评价模型

利用权数向量 W 与同一度矩阵 Q，则可以得到各评价对象 M_i 与理想方案 M_0 带权同一度矩阵 R：

$$R=W \times Q=（ \omega_1 ，\omega_2 ，\cdots ，\omega_n ） \times \begin{bmatrix} a_{11} & a_{12} & \cdots & a_{1n} \\ a_{21} & a_{22} & \cdots & a_{2n} \\ \vdots & \vdots & \vdots & \vdots \\ a_{n1} & a_{n2} & \cdots & a_{nn} \end{bmatrix} =（ a_1,a_2,\cdots,a_n ）$$

$$（3-5）$$

其中，R 中元素 ai（i=1,2,3,…n）即为第 i 个评价对象与理想方案的同一度，依照带权同一度矩阵 R 中 ai 值的大小确定 m 个被评价对象的优劣次序，评价对象的优劣与 ai 值大小正相关。该初始评价模型可用图 3-1 表示：

图 3-1 初始评判模型示意图

3. 构建多层次评价模型

对指标集进行分层划分后，可以将初始评判模型扩展成多层次评判模型。即，将初始评判模型应用于多层因素，将各层评判结果再当成上一层的评估输入，直至最上层。在对指标集 C={C_1，C_2，…,C_m} 做一次划分 P 时，则得到二层次集对分析评估模型，其表达式为：

$$R_{综}=W \times Q=W \times \begin{bmatrix} \omega_1 \times a_1 \\ \omega_2 \times a_2 \\ \vdots \\ \omega_n \times a_n \end{bmatrix} \qquad (3-6)$$

式中，W 为 C/P={C_1，C_2，…,C_n} 中的 n 个因素 C_i 的权重分配；W_i 为 C_i={C_{i1}，C_{i2}，…,C_{ik}} 中 K 个因素 Xij 的权数分配；Q 和 Q_i 分别是 C/P 和 C_i 的被评价对象与理想方案指标不带权的同一度矩阵；$R_{综}$是 C/P 同时为 C 的被评价对象与理想方案带权同一度矩阵。二级综合评判矩阵模型如图：

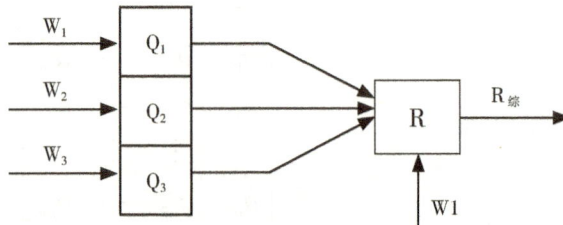

图 3-2 二级综合评价模型示意图

如果再对 C/P 进行划分，即可获得 2 层次及以上层次的综合评判模型。因而，待评价对象之间的优劣次序取决于各自综合评估值 $R_{综}$ 的高低。

3.2 酒店上市公司社会责任指标体系应用

3.2.1 样本选取

证监会颁布的《上市公司行业分类指引》以上市公司营业收入作为分类标准，对上市公司分类进行了如下规定：当公司某类业务营业收入比重等于或者超过 50%，则将该公司划入此类业务相对应的类别；当公司没有一类业务营业收入比重符合上述条件时，若某类业务营业收入比重比其他业务收入比重均高出 30%，则将其划入该业务相对应的行业类别；否则，将其划为综合类。涉及酒店业务的上市公司主要分布在《上市公司行业分类指引》中的 K 社会服务业大类下的 K30 餐饮业、K32 旅馆业、K34 旅游业中。根据研究需要，参照证监会这一规定，本书按照以下准则对这三类中的上市公司进行筛选：①为了避免体制差异、资本市场差异等因素影响结果的公正与客观性，本书仅选取在中国内地沪深 A 股资本市场上市的酒店上市公司；②剔除 ST 和 *ST 酒店上市公司，这些公司财务状况恶化，财务指标异常，已是资不抵债，部分数据难以获取，对其进行社会责任评价很难；③ 2008 年被称为"中国企业社会责任元年"，大量企业开始关注并实践企业社会责任。通常，企业年报都是在报告期次年二季度才公布，在本书写作过程中 2011 年的数据还无法获得。因此，本书选取 2008—2010 年的公司数据，剔除 2008 年后上市的样本，最后得到符合条件的 9 家酒店上市公司，由于我国 A 股市场酒店上市公司数量有限，该 9 家酒店上市公司已构成了全样本。详见表 3-1。

表 3-1 研究样本简介

序号	公司证券简称	证券代码	主营业务	主营收入占比（%）	上市时间
1	东方宾馆	000524	餐饮、客房、其他	67.44	1993
2	新都酒店	000033	客房、租赁、餐饮、其他	85.22	1994
3	华天酒店	000428	餐饮、客房、娱乐、其他	59.1	1996
4	锦江股份	600754	酒店运营及管理、餐饮	98.89	1996
5	西安饮食	000721	餐饮、商品、客房、其他	82.22	1997
6	科学城	000975	餐饮住宿	100	2000
7	万好万家	600576	酒店业、房地产业	96.34	2003
8	金陵饭店	601007	客房、餐饮、酒店管理	51.39	2007
9	全聚德	002186	餐饮、商品销售、其他	80.5	2007

3.2.2 数据来源与处理

本书获取了 2008—2010 年间酒店上市公司相关数据（见附录 A）。这些数据来源于各样本酒店上市公司公布的年报以及深圳证券交易所网站（http://www.szse.cn/）、新浪财经网（http://finance.sina.com.cn/）、上海证券交易所网站（http://www.sse.com.cn/sseportal/ps/zhs/home.html）、天软金融分析数据库、国泰安 CSMAR 数据库、巨潮资讯网（http://www.cninfo.com.cn/）、上市公司资讯网站（www.cnlist.com）、金融界网站（www.jrj.com.cn）、证券时报网（http://www.stcn.com/）以及公开发行的社会责任报告等刊物。

根据第二章中对指标诠释可知，本书指标测度数据主要分为两部分：财务数据和非财务数据。非财务数据又包括定性数据与定量数据。为了充分说明数据的来源与处理，下文将根据上述两大数据类型，以华天酒店 2008 年的指标数据对数据的获取与转化为例进行说明：

1.财务数据的获取与处理

本书用来测度上市酒店社会责任的财务数据主要包括财务指标和财务比率，如资产负债率、每股收益以及利息保障倍数等，这些数据可以直接从上市公司发布的年报和国泰安 CSMAR 数据库等直接获取。

2.非财务数据的获取与处理

在非财务数据中又分为定性指标数据与定量指标数据。

（1）定性指标值的获取与处理

以披露社会责任年度报告为例来说明定性指标的获取与处理，查阅深圳证券交易所网站（华天酒店为深市上市公司）、华天集团主页、证券时报网以及"金蜜蜂企业社会责任·中国榜"等上市公司信息披露平台，结果显示华天酒店2008年度并未发布社会责任年度报告或企业可持续发展报告等相关类型的报告。因此，华天酒店"披露年度社会责任报告"指标得分值为"0"。

（2）定量指标值的获取与处理

以员工歧视为例来说明定量非财务指标的获取与处理。相比较于国外企业社会责任研究，国内研究还存在差距，缺乏国外KLD指数等数据库。受此局限，国内很多学者基于数据的可获得性原则，以主要数据来测度指标。如宋建波等（2009)在其研究中以高管团队中女性比例来衡量。本书借鉴了他们的研究成果。查阅华天酒店2008年度报告可知，华天酒店共有高管人员18位，其中女性9位，占50%。故华天酒店在"员工歧视"的指标得分为0.5。

笔者对这些直接或间接获取的数据进行了抽样检验以保证数据的可靠性和准确信，对存在误差的数据进行了调整。最后得到研究样本2008—2010年各评价指标的平均值如表3-2所示：

表3-2 2008—2010年酒店上市公司社会责任指标均值

目标	准则	方案	新都酒店	华天酒店	东方宾馆	西安饮食	科学城	全聚德	万好万家	锦江股份	金陵饭店
B	B_1	B_{11}	0.4051	0.6253	0.2234	0.4790	0.2191	0.3097	0.2880	0.1655	0.1545
		B_{12}	52.6127	293.7943	-330.9550	464.2399	1152.3758	1638.3653	1690.0930	-645.6163	-3361.2554
		B_{13}	0.8930	2.7133	2.2633	1.9817	1.4752	5.0942	2.4333	6.0436	3.3600
		B_{14}	1.4155	0.5804	0.8044	0.4100	0.8920	0.8606	1.5429	2.9326	2.9066
		B_{15}	0.9827	1.2604	1.0147	1.0603	0.9669	1.0442	1.0049	0.9173	1.1451
		B_{16}	-0.0165	0.2930	-0.0483	0.1590	-0.0216	0.6130	0.0367	0.5165	0.2933
		B_{17}	-0.0109	0.0377	-0.0169	0.0442	-0.0110	0.0802	0.0056	0.0739	0.0605
		B_{18}	10025974	81501603	2332922	16392261	277004	9630136	4390068	22061187	718457
		B_{19}	0.0000	0.0000	0.0000	0.0000	0.0000	0.0000	0.0000	0.0000	1.0000
	B_2	B_{21}	0.0000	0.0000	0.0000	0.0000	0.0000	1.0000	0.0000	0.0000	1.0000
		B_{22}	0.0032	0.0007	0.0000	0.0029	0.0012	0.0000	0.0065	0.0000	0.0000
	B_3	B_{31}	0.2253	0.4902	0.2554	0.2451	0.0476	0.2904	0.0000	0.2045	0.1740
		B_{32}	0.0000	2648677.8467	957767.1617	1406257.4567	149600.3200	2771556.0367	79266.8250	2173784.4050	580808.7067
		B_{33}	1.0000	1.0620	0.9981	1.0098	0.9522	1.1478	0.9942	1.0078	1.0285
		B_{34}	42841.6000	115853.4807	61108.8926	20486.6005	4125563.4160	60425.3808	26947.6727	73905.2195	81006.4519
		B_{35}	0.0785	0.2675	1.4438	0.0765	38.0750	0.1711	-0.1039	0.5121	0.8022
		B_{36}	0.0000	718.6994	1311.3167	379.8533	23404.2196	1162.6482	161.6087	957.8123	450.4049
	B_4	B_{41}	12.1918	2.8160	3.4916	2.0414	10.5870	5.5482	12.5180	9.9464	11.9633
		B_{42}	13.3883	7.5701	6.3945	4.6850	10.1939	13.3235	15.6219	3.4123	6.2822

（续表）

目标	准则	方案	新都酒店	华天酒店	东方宾馆	西安饮食	科学城	全聚德	万好万家	锦江股份	金陵饭店
B	B5	B_{51}	317	3303	1325	5474	15	4761	916	4538	833
		B_{52}	0.0049	0.0006	0.0001	0.0001	0.0001	0.0000	0.0005	0.0001	0.0000
		B_{53}	212936.1643	743659.9428	191310.9018	103647.1378	8951885.1887	255528.4974	390042.1010	270145.4029	550737.2256
		B_{54}	0.0015	0.0057	-0.0054	0.0162	0.0022	0.0286	0.0188	0.0111	0.0167
		B_{55}	0.0430	0.1342	0.0883	0.2183	0.0381	0.3753	0.0862	0.1097	0.1196
	B6	B_{61}	0.5288	0.4714	0.4503	0.3995	0.8197	0.4349	0.5542	0.2661	0.4866
		B_{62}	0.0106	0.3213	-0.0410	0.0566	0.5389	0.1361	-0.0952	0.5505	0.0809
	B7	B_{71}	6735.7533	0.0000	155205.1733	0.0000	0.0000	0.0000	352158.3833	0.0000	0.0000
		B_{72}	0.0000	765000.0000	18165.0000	326727.1000	43870.3833	708964.8033	1137366.6667	0.0000	70800.0000

3.3 实证评价过程

3.3.1 确定指标权重

1. 构造判断矩阵

本书设计了层次分析调查问卷以获得计算权重所需要的数据。问卷主要包括三大部分内容（详见附录酒店上市公司社会责任评价权重打分问卷）。首先，简要地介绍了问卷调查目的；其次，较为详细地介绍了层次分析法判断矩阵的构造（本书采用1—9标度法）、取值范围以及计算方法，并分情况以示例进行详尽阐释，以此避免某些专家不完全了解层次分析法的判断矩阵计算，影响被调查者信度；最后，对本书构建的评价指标体系中各指标含义分层次进行了详尽阐释，有利于专家能更全面深入地理解各个指标，在指标阐释后，我们相应地设置了判断矩阵表格，总共包括1个目标层判断矩阵表格和7个方案层判断矩阵表格。

表格中首行与首列为相应指标。因对角线数值是某一指标与自身的比值，故其值恒为1。由于判断矩阵存在 $a_{ij}=1/a_{ji}$（i，$j=1$，2，3……N；N为该级指标的个数）的关系，本项调查只要求专家填写右上部分的空白表格即可。经此处理便于节省专家作答时间，提高问卷效率，有效促进专家参与意愿和回答者信度的提高。

在进行正式问卷调查前，请一位旅游企业管理和一位管理科学与工程的研究者审核问卷中关于判断矩阵计算方面的措辞，以利于被调查者能很好理解问卷内容与调查要求。之后，再次邀请前文中对指标重要性程度进行评分的5位专家，通过电子邮件或者现场填写方式对各指标权重进行评分。5位专家1位来自理论研究领域，其他4位来自企业（5位专家具体概况如表3-3所示）。

表 3-3 层次分析调查专家概况

序号	单位	研究方向 / 职务
1	中山大学管理学院旅游酒店管理系	中美酒店管理双学位项目执行主任
2	湖南金证投资咨询顾问有限公司	证券研究员
3	长春市瑞信环亚投资有限公司	投资经理
4	中国民族证券有限公司	投资经理
5	交通银行苏州分行枫桥支行	贷款经理

根据上文中对层次分析法确定指标权重的计算，以 5 位专家的评分为基础。我们整理得到 7 个指标相互重要程度的平均值矩阵。

准则层对目标层的判断矩阵为：

$$B=\begin{bmatrix} 1 & 2.402249 & 3.277165 & 3.676833 & 3.379774 & 2.352158 & 4.477695 \\ 0.416277 & 1 & 1.397654 & 1.496278 & 1.275425 & 1.084472 & 2 \\ 0.380125 & 0.659754 & 1 & 1.430969 & 1.584893 & 0.757858 & 2.047673 \\ 0.271973 & 0.668325 & 0.529612 & 1 & 1.319508 & 0.644394 & 1.515717 \\ 0.295878 & 0.784053 & 0.457305 & 0.757858 & 1 & 0.566478 & 1 \\ 0.425142 & 0.922108 & 1 & 1.551846 & 1.765292 & 1 & 1.245731 \\ 0.223329 & 0.5 & 0.488359 & 0.659754 & 1 & 0.870551 & 1 \end{bmatrix}$$

方案层对准则层的判断矩阵总共有 7 个，分别如下：

（1）酒店上市公司对投资者社会责任下 9 个指标的判断矩阵

$$B_1=\begin{bmatrix} 1 & 1.332447 & 0.72478 & 1.643752 & 1.238732 & 1.412617 & 1.124746 & 2.118448 & 1.820564 \\ 0.750499 & 1 & 0.717742 & 0.821876 & 0.90288 & 0.747473 & 0.910282 & 1.319508 & 1.682933 \\ 1.37973 & 1.393259 & 1 & 1.291994 & 1.888175 & 1.148698 & 1.27226 & 1.741101 & 1.212902 \\ 0.608364 & 1.216729 & 0.773997 & 1 & 1.319508 & 0.910282 & 1.319508 & 2.267933 & 1.820564 \\ 0.807277 & 1.107566 & 0.529612 & 0.757858 & 1 & 0.673804 & 0.72478 & 1.387525 & 1.393259 \\ 0.707906 & 1.337841 & 0.870551 & 1.098561 & 1.484111 & 1 & 0.870551 & 1.695218 & 1.461443 \\ 0.88909 & 1.098561 & 0.786003 & 0.757858 & 1.37973 & 1.148698 & 1 & 1.496278 & 1.805761 \\ 0.472044 & 0.757858 & 0.574349 & 0.44093 & 0.720708 & 0.589895 & 0.668325 & 1 & 0.668325 \\ 0.54928 & 0.594201 & 0.824469 & 0.54928 & 0.717742 & 0.684255 & 0.553783 & 1.496278 & 1 \end{bmatrix}$$

（2）酒店上市公司对环境社会责任下 2 个指标的判断矩阵

$$B_2=\begin{bmatrix} 1 & 0.96419 \\ 1.03714 & 1 \end{bmatrix}$$

（3）酒店上市公司对员工社会责任下 6 个指标的判断矩阵

$$B_3=\begin{bmatrix} 1 & 1.728483 & 1.098561 & 1.148698 & 1 & 1.903654 \\ 0.578542 & 1 & 0.832553 & 0.781587 & 0.698827 & 0.891301 \\ 0.910282 & 1.201124 & 1 & 1.496278 & 1.245731 & 1.741101 \\ 0.870551 & 1.279448 & 0.668325 & 1 & 0.698827 & 1.430969 \\ 1 & 1.430969 & 0.802742 & 1.430969 & 1 & 1.782602 \\ 0.525306 & 1.121955 & 0.574349 & 0.698827 & 0.560978 & 1 \end{bmatrix}$$

（4）酒店上市公司对供应商社会责任下 2 个指标的判断矩阵：

$$B_4=\begin{bmatrix} 1 & 0.84412 \\ 1.18466 & 1 \end{bmatrix}$$

（5）酒店上市公司对政府社会责任下 5 个指标的判断矩阵：

$$B_5=\begin{bmatrix} 1 & 0.964193 & 1.430969 & 0.525306 & 2.267933 \\ 1.037137 & 1 & 0.839378 & 1.059224 & 2.394694 \\ 0.698827 & 1.191358 & 1 & 0.529612 & 1.319508 \\ 1.903654 & 0.944088 & 1.888175 & 1 & 2.439511 \\ 0.44093 & 0.41759 & 0.757858 & 0.409918 & 1 \end{bmatrix}$$

（6）酒店上市公司对顾客社会责任下 2 个指标的判断矩阵：

$$B_6=\begin{bmatrix} 1 & 0.956352 \\ 1.045640 & 1 \end{bmatrix}$$

（7）酒店上市公司对公益慈善社会责任下 2 个指标的判断矩阵：

$$B_7=\begin{bmatrix} 1 & 2.04767 \\ 0.48836 & 1 \end{bmatrix}$$

2.计算指标权重并检验判断矩阵的一致性

根据前文介绍的权重计算方法，通过计算，得到各层次的指标权重如下：

W= $\begin{bmatrix} 0.3401 & 0.1439 & 0.1254 & 0.0950 & 0.0829 & 0.1329 & 0.0788 \end{bmatrix}$

λmax=7.000249903，CI=0.00004166667，RI=1.32，CR=0.000031565 < 0.1。

W_1= $\begin{bmatrix} 0.1428 & 0.1016 & 0.1462 & 0.125 & 0.0954 & 0.1208 & 0.1190 & 0.0687 & 0.0800 \end{bmatrix}$

λmax=9.117324642，CI=0.01466558，RI=1.45，CR=0.010114193 < 0.1，该判断矩阵通过一致性检验。

W_2= $\begin{bmatrix} 0.6719 & 0.3281 \end{bmatrix}$，n=2，此判断矩阵完全一致。

W_3= $\begin{bmatrix} 0.2055 & 0.1283 & 0.2014 & 0.1546 & 0.1941 & 0.1160 \end{bmatrix}$

λmax=6.040922004，CI=0.008184401，RI=1.24，CR=0.006600323 < 0.1，该判断矩阵通过一致性检验。

W_4= $\begin{bmatrix} 0.4577 & 0.5423 \end{bmatrix}$，n=2，此判断矩阵完全一致。

W_5= $\begin{bmatrix} 0.2084 & 0.2244 & 0.1721 & 0.2891 & 0.1060 \end{bmatrix}$

λmax=5.105987812，CI=0.026496953，RI=1.12，CR=0.023657994 < 0.1，该判断矩阵通过一致性检验。

W_6= $\begin{bmatrix} 0.4888 & 0.5112 \end{bmatrix}$，n=2，此判断矩阵完全一致。

W_7= $\begin{bmatrix} 0.6719 & 0.3281 \end{bmatrix}$，n=2，此判断矩阵完全一致。

由计算结果可知，上述判断矩阵的一致性均通过了检验，所得权重向量符合使用要求，评价指标体系各指标权重如下：

表3-4　酒店上市公司各级社会责任评价指标权重表

目标层	准则层	权重	方案层	权重
酒店上市公司社会责任	对投资者的责任	0.3401	长期偿债能力	0.1428
			偿付债务利息的能力	0.1016
			股东投资的安全程度	0.1462
			短期偿债能力	0.1250
			企业的发展能力	0.0954
			公司为股东盈利的能力	0.1208
			公司运用自有资本的效率	0.1190
			债权人的利息收入	0.0687
			披露年度社会责任报告	0.0800

（续表）

目标层	准则层	权重	方案层	权重
酒店上市公司社会责任	对环境的责任	0.1439	制定并实施企业环境保护规划和细则	0.6719
			环保投入产出比率	0.3281
	对员工的责任	0.1254	员工歧视	0.2055
			支持员工加入工会组织	0.1283
			对国家相关社会保障法律法规执行情况	0.2014
			员工人均所得	0.1546
			员工工资增长率	0.1941
			员工职业发展	0.116
	对供应商的责任	0.0950	支付供应商货款的能力	0.4577
			支付供应商货款的时效性	0.5423
	对政府的责任	0.0829	就业岗位的提供	0.2084
			遵纪守法情况	0.2244
			企业对社会劳动资源的利用水平	0.1721
			对相关税收法律法规遵守情况	0.2891
			企业对政府的贡献程度	0.1060
	对顾客的责任	0.1329	主营业务成本率	0.4888
			销售额增长率	0.5112
	对公益慈善的责任	0.0788	社会事业捐助	0.6719
			公益捐款	0.3821

3.3.3 一级综合评价

根据前文构建的集对分析评价模型，以获取的各样本酒店上市公司的原始社会责任数据进行评价。由原始数据表可求得 B 在 B_1 上的评价矩阵 HB_1 为：

$$HB_1 = \begin{bmatrix} 0.4051 & 0.6253 & 0.2234 & 0.4790 & 0.2191 & 0.3097 & 0.2880 & 0.1655 & 0.1545 \\ 52.61 & 293.79 & -330.96 & 464.24 & 1152.38 & 1638.37 & 1690.09 & -645.62 & -3361.26 \\ 0.8930 & 2.7133 & 2.2633 & 1.9817 & 1.4752 & 5.0942 & 2.4333 & 6.0436 & 3.3600 \\ 1.4155 & 0.5804 & 0.8044 & 0.4100 & 0.8920 & 0.8606 & 1.5429 & 2.9326 & 2.9066 \\ 0.9827 & 1.2604 & 1.0147 & 1.0603 & 0.9669 & 1.0442 & 1.0049 & 0.9173 & 1.1451 \\ -0.0165 & 0.2930 & -0.0483 & 0.1590 & -0.0216 & 0.6130 & 0.0367 & 0.5165 & 0.2933 \\ -0.0109 & 0.0377 & -0.0169 & 0.0442 & -0.0110 & 0.0802 & 0.0056 & 0.0739 & 0.0605 \\ 10025974 & 81501603 & 2332922 & 16392261 & 277004 & 9630136 & 4390068 & 22061187 & 718457 \\ 0 & 0 & 0 & 0 & 0 & 0 & 0 & 0 & 1 \end{bmatrix}$$

理想方案

$M_0 = \begin{bmatrix} 0.6253 & 1690.09 & 6.0436 & 2.9326 & 1.2604 & 0.6130 & 0.0802 & 81501603 & 1 \end{bmatrix}^T$

因此可得到 B 在 B_1 上不带权的同一度矩阵 QB_1：

$$QB_1 = \begin{bmatrix} 0.64783 & 1 & 0.3573 & 0.76605 & 0.35033 & 0.49537 & 0.46061 & 0.2646 & 0.24703 \\ 0.03113 & 0.17383 & -0.1958 & 0.27468 & 0.68184 & 0.96939 & 1 & -0.382 & -1.9888 \\ 0.14776 & 0.44896 & 0.3745 & 0.32791 & 0.2441 & 0.84291 & 0.40263 & 1 & 0.55596 \\ 0.48267 & 0.19792 & 0.2743 & 0.13981 & 0.30417 & 0.29345 & 0.52612 & 1 & 0.99113 \\ 0.77963 & 1 & 0.805 & 0.8412 & 0.7671 & 0.82844 & 0.79728 & 0.72777 & 0.9085 \\ -0.02697 & 0.47798 & -0.0789 & 0.25933 & -0.0352 & 1 & 0.05982 & 0.84263 & 0.47852 \\ -0.13643 & 0.47048 & -0.2103 & 0.55082 & -0.1367 & 1 & 0.0696 & 0.92164 & 0.75349 \\ 0.12302 & 1 & 0.0286 & 0.20113 & 0.0034 & 0.11816 & 0.05387 & 0.27068 & 0.00882 \\ 0 & 0 & 0 & 0 & 0 & 0 & 0 & 0 & 1 \end{bmatrix}$$

可计算出酒店社会责任 B 在 B_1 上的综合评价结果为：

$RB_1 = W_1 \times QB_1 = \begin{bmatrix} 0.2409 & 0.5287 & 0.1644 & 0.3937 & 0.2459 & 0.6561 & 0.3873 & 0.5697 & 0.3531 \end{bmatrix}$

同理，可计算出酒店社会责任 B 在 B_2 上的综合评价结果为：

酒店社会责任 B 在 B_2 上的综合评价结果为：

$RB_2 = \begin{bmatrix} 0.1598 & 0.0361 & 0 & 0.1453 & 0.0627 & 0.6719 & 0.3281 & 0 & 0.6719 \end{bmatrix}$

酒店社会责任 B 在 B_3 上的综合评价结果为：

$RB_3 = \begin{bmatrix} 0.2719 & 0.5237 & 0.3427 & 0.3481 & 0.6587 & 0.4604 & 0.1794 & 0.3733 & 0.2896 \end{bmatrix}$

酒店社会责任 B 在 B_4 上的综合评价结果为：

$RB_4 = \begin{bmatrix} 0.9105 & 0.3657 & 0.3496 & 0.2373 & 0.741 & 0.6654 & 1 & 0.4821 & 0.6555 \end{bmatrix}$

酒店社会责任 B 在 B_5 上的综合评价结果为：

$RB_5 = \begin{bmatrix} 0.2682 & 0.2626 & 0.0306 & 0.4423 & 0.2080 & 0.5832 & 0.2795 & 0.3242 & 0.2443 \end{bmatrix}$

酒店社会责任 B 在 B_6 上的综合评价结果为：

$RB_6 = \begin{bmatrix} 0.3251 & 0.5795 & 0.2304 & 0.2908 & 0.9892 & 0.3857 & 0.2421 & 0.6699 & 0.3652 \end{bmatrix}$

酒店社会责任 B 在 B_7 上的综合评价结果为：

$RB_7 = \begin{bmatrix} 0.0129 & 0.2207 & 0.3014 & 0.0943 & 0.0127 & 0.2045 & 1 & 0 & 0.0204 \end{bmatrix}$

为使评价结果明晰，我们将一级评价结果汇总于下表：

表 3-5 一级综合评价结果表

一级评价结果	新都酒店	华天酒店	东方宾馆	西安饮食	科学城	全聚德	万好万家	锦江股份	金陵饭店
对投资者的责任	0.2409	0.5287	0.1644	0.3937	0.2459	0.6561	0.3873	0.5697	0.3531
对环境的责任	0.1598	0.0361	0.1644	0.1453	0.0627	0.6719	0.3281	0.0000	0.6719
对员工的责任	0.2719	0.5237	0.3427	0.3481	0.6587	0.4604	0.1794	0.3733	0.2896
对供应商的责任	0.9105	0.3657	0.3496	0.2373	0.7410	0.6654	1.0000	0.4821	0.6555
对政府的责任	0.2682	0.2626	0.0306	0.4423	0.2080	0.5832	0.2795	0.3242	0.2443
对顾客的责任	0.3251	0.5795	0.2304	0.2908	0.9892	0.3857	0.2421	0.6699	0.3652
对公益慈善的责任	0.0129	0.2207	0.3014	0.0943	0.0127	0.2045	1.0000	0.0000	0.0204

3.3.4 二级综合评价

由一级综合评价结果表可得酒店上市公司社会责任 B 的评价矩阵 HB 为：

$$
HB = \begin{bmatrix}
0.2409 & 0.5287 & 0.1644 & 0.3937 & 0.2459 & 0.6561 & 0.3873 & 0.5697 & 0.3531 \\
0.1598 & 0.0361 & 0 & 0.1453 & 0.0627 & 0.6719 & 0.3281 & 0 & 0.6719 \\
0.2719 & 0.5237 & 0.3427 & 0.3481 & 0.6587 & 0.4604 & 0.1794 & 0.3733 & 0.2896 \\
0.9105 & 0.3657 & 0.3496 & 0.2373 & 0.7410 & 0.6654 & 1 & 0.4821 & 0.6555 \\
0.2682 & 0.2626 & 0.0306 & 0.4423 & 0.2080 & 0.5832 & 0.2795 & 0.3242 & 0.2443 \\
0.3251 & 0.5795 & 0.2304 & 0.2908 & 0.9892 & 0.3857 & 0.2421 & 0.6699 & 0.3652 \\
0.0129 & 0.2207 & 0.3014 & 0.0943 & 0.0127 & 0.2045 & 1 & 0 & 0.0204
\end{bmatrix}
$$

于是，酒店上市公司社会责任不带权的同一度矩阵 QB 为：

理想方案

$$
M_0 = \begin{bmatrix} 0.6561 & 0.6719 & 0.6587 & 1 & 0.5832 & 0.9892 & 1 \end{bmatrix}^T
$$

$$
QB = \begin{bmatrix}
0.3672 & 0.8058 & 0.2506 & 0.6 & 0.3748 & 1 & 0.5903 & 0.8683 & 0.5382 \\
0.2379 & 0.0537 & 0 & 0.2163 & 0.0933 & 1 & 0.4883 & 0 & 1 \\
0.4128 & 0.7951 & 0.5203 & 0.5285 & 1 & 0.6989 & 0.2724 & 0.5668 & 0.4397 \\
0.9105 & 0.3657 & 0.3496 & 0.2373 & 0.7410 & 0.6654 & 1 & 0.4821 & 0.6555 \\
0.46 & 0.4504 & 0.0525 & 0.7584 & 0.3567 & 1 & 0.4793 & 0.5559 & 0.4190 \\
0.3287 & 0.5858 & 0.2329 & 0.294 & 1 & 0.39 & 0.2447 & 0.6772 & 0.3692 \\
0.0129 & 0.2207 & 0.3014 & 0.0943 & 0.0127 & 0.2045 & 1 & 0 & 0.0204
\end{bmatrix}
$$

RB=W × QB= [0.3802　0.5488　0.2427　0.4334　0.5002　0.7857　0.5512　0.5483　0.5298]

将二级评价结果统计成下表：

表 3-6 二级综合评价结果表

二级评价结果	新都酒店	华天酒店	东方宾馆	西安饮食	科学城	全聚德	万好万家	锦江股份	金陵饭店
酒店上市公司社会责任	0.3802	0.5488	0.2427	0.4334	0.5002	0.7857	0.5512	0.5483	0.5298

根据结果可知，酒店上市公司社会责任评价排名由高到低依次为：全聚德、万好万家、华天酒店、锦江股份、金陵饭店、科学城、西安饮食、新都酒店、东方宾馆。

3.4 实证结果分析

本章通过层次分析法设置了指标体系并确定权重，采用集对分析模型对酒店上市公司社会责任进行评价。本章构建的指标体系具备良好的规范性和科学性，基本能够保证评价结果的客观性，科学地反映酒店上市公司履行社会责任状况。下文从二级综合评价的 7 个方面对 9 家上市酒店公司在履行社会责任方面的优缺点进行分析。

1. 在履行对投资者的社会责任方面

大部分酒店上市公司都较好地承担了对投资者的社会责任。相比较而言，东方宾馆、新都酒店和科学城在该项指标上得分落后于其他上市酒店较大。考察对投资者社会责任该一级指标下属的 9 个二级指标可知，这三家酒店上市公司的每股收益和资本收益率两个二级指标值都为负数，其中每股收益分别为 −0.0483、−0.0165 和 −0.0216，资本收益率分别为 −0.0169、−0.0109 和 −0.011。因此，导致三家酒店上市公司在履行对投资者社会责任方面落后于其他酒店上市公司较大。而且，东方宾馆的利息保障倍数也是负数，为 −330.955，这导致了东方宾馆在履行投资者责任方面得分最低。

2. 在履行对环境的社会责任方面

相对于最优方案，绝大部分酒店上市公司对环境的责任履行不够，除了全聚德与金陵饭店两家之外，其他酒店上市公司在该项指标的得分都很低，多数处于 0.25 以下。从二级指标值的角度来分析，一是由于多数酒店上市公司都没有制定并实施企业环境保护规划和细则，在该项二级指标中多家酒店上市公司都得分为 0。二是酒店上市公司在环保投资方面存在不足，很多企业环保投资相对很小，甚至没有。此外，出于数据可获取性原则，本书将该指标作为一个惩戒性指标予以处理，即对在上市公司年报、各数据库及巨潮资讯等财经网站没有公布环保投资方面数据的酒店上市公司，该指标得分为 0。

3. 在履行对员工的社会责任方面

9 家上市酒店公司中有 6 家该项指标得分超过 0.5，说明大部分公司都较好地肩负起了对员工的责任，为员工创造了良好的工作环境。只有万好万家在对员工责任方面得分较低，为 0.2724。对数据进行深入分析可知，在本书选取的评价时间段里，该公司高管中没有一名是女性，而且员工工资连续三年负增长，且公司在员工教育培训方面投入也相对较小，对工会开展活动的经费支持力度相对较小。因此，导致该公司在员工责任指标上得分落后。

4. 在履行对供应商的社会责任方面

万好万家、新都酒店和科学城等酒店上市公司在该指标上得分较高排名靠前，表明这些酒店上市公司较好地履行了对供应商的责任。而得分最低的为西安饮食，对有关数据进行回溯分析可以发现，这是由于两方面原因造成的：一方面，西安饮食的现金与应付账款比率较低，是样本公司中最低值，为 2.0414，表明其用现金支付应付账款的能力相对较低，该公司供应商的利益保障较其他上市酒店公司不足。另一方面，西安饮食的应付账款周转率也不是很高，说明其在支付供应商货款的时间周期比其他上市酒店公司长，占用供应商资金的时间较长。虽然西安饮食应付账款周转率指标值高于金陵饭店和锦江股份，但受现金与应付账款比率低的拖累，导致西安饮食履行对供应商的社会责任方面排名靠后。

5. 在履行对政府的社会责任方面

绝大部分酒店上市公司都较好地履行了对政府的社会责任，比如提供就业岗位为政府解决社会就业问题，为政府创造财政收入（如依照相关法律规定向政府缴纳税款等），为国家创造价值（如上缴劳保统筹、支付员工福利等）。全聚德在向政府缴纳税款、为国家和社会创造价值方面的力度都大于其他酒店上市公司，且其提供的社会就业岗位也较高。因此，全聚德在履行对政府的社会责任方面要领先于其他酒店上市公司。反观在该指标下得分较低的东方宾馆，在纳税方面有过拖欠税款、占用国家税款的情况，因此其资产纳税率指标值出现负值。且其全社会劳动力资源利用水平、为国家和社会创造价值方面也比较低，故而东方宾馆的全员劳动生产率和社会贡献率指标值较低。上述因素共同导致了东方宾馆在履行政府的社会责任这一一级指标得分落后于其他酒店上市公司。

6. 在履行对顾客的社会责任方面

科学城在该项指标得分最高，锦江股份和华天酒店依次位列其后，其他酒店上市公司则与这三家差距较大。分析数据可知，一方面，这三家酒店上市公司主营业务成本率比其他公司更高，反应了它们在制定价格时，相对其他公司而言更照顾消费者利益，给消费者让利更多，因此导致主营业务毛利率偏低，所以主营业务成本率指标值更高。另一方面，科学城、锦江股份和华天酒店的销售额增长率较其他公司要高。在该指标值的得分分别达到了 0.5389、0.5505 和 0.3213，而有的公司呈现了负增长情况，万好万家和东方宾馆销售额增长率分别为 −0.0952 和 −0.041。这表明科学城等三家公司为顾客提供的服务和产品得到了顾客认可，具有良好的声誉，吸引了顾客不断消费公司的服务和产品，才使得销售额持续增长。

7. 在履行对公益慈善的社会责任方面

万好万家在该方面履行的社会责任程度遥遥领先于其他酒店上市公司。对数据进行跟踪分析可以发现，在本书采用的评价数据期间，万好万家的公益性对外捐赠较多，其中 2008 年为 110 余万元，2009 则为 230 余万元，大大超过其他公司的对外捐赠额。此外，万好万家对水利建设等社会事业的赞助力度也较其他公司大，达到了 30 余万元每年的数额。反观其他上市酒店公司在公益慈善方面的社会责任可以发现，大部分公司对水利建设、科教文卫事业赞助、社区建设等社会事业的投入力度相对较小。地震、泥石流等灾害都是考察企业是否积极承担伦理性社会责任的事件。虽然绝大部分酒店上市公司在 2008 年汶川地震时都承担起了相应的社会责任，对汶川灾区进行了捐助，但也还存在本土"铁公鸡"，如新都酒店和锦江股份在评价期内没有披露过对外公益性捐赠的相关信息。

　　总体而言，酒店上市公司在履行对投资者、员工和政府方面社会责任情况较好，而在保护环境、关注公益慈善、顾客利益让渡和保障供应商利益方面则履行的不够，还需要进一步地加强。

3.5　管理建议

　　通过对酒店上市公司社会责任指标体系的设计与集对分析模型的构建及其应用研究，对结果进行数据分析，发现我国酒店上市公司承担社会责任的情况不太理想，还需要进一步地提高。根据本章研究，提出了以下促进酒店上市公司社会责任建设的管理建议：

　　1.加强酒店社会责任立法，发挥政府的规范与引导作用

　　目前，我国在社会责任相关方面的立法几乎还是空白，尚未颁布《酒店法》等法律法规，这让酒店在履行社会责任实践过程中缺乏统一和权威的标准，以至于产生各种困惑。我们可以通过立法，深化酒店对社会责任的认识，对酒店在实际的运营与管理过程中出现的问题加以规范和引导。近年来，通过对一些案例的争论（如最低消费之争和入场费之争、谢绝自带酒水之争、开瓶费之争、价格联盟合法与否之争等）也一定程度上促进了酒店社会责任法制建设。出于对经济利益的追求，一些酒店可能置社会责任于不顾，产生压低员工工资或强制性加班且不给加班费、工作过程中的性骚扰、偷税漏税、以次充好、以假充真、随意排放废气废渣废液等不负责任行为，而政府相关

部门执法力度欠缺也一定程度上纵容了这些行为的继续。充分发挥政府规范与引导酒店社会责任的作用可从以下方面入手：一是建立科学合理的社会责任评价体系。借鉴国外社会责任指标体系，结合我国具体国情建立合适的社会责任评价指标体系。二是强化对酒店社会责任的引导。深圳市在这方面做出了有益尝试，如《深圳证券交易所上市公司社会责任指引》以及《深圳市企业社会责任评价准则》的颁布与制定。此外，可以通过政府采购等市场化手段来规范与引导酒店履行社会责任。

2. 强化酒店履行社会责任意识，推进行业社会责任标准与规范化建设

酒店社会责任建设既离不开酒店自身的努力也离不开行业的共同协作。一方面，正如亚里士多德所说："一切行为都是自己的行为……既然行为是自己主宰的，经过策划和自愿的，那么自己就负完全责任。"酒店应该认识到在任何一个时点上，企业都无法超越社会存在，企业和社会之间都存在着某种契约，即酒店与社会各种利益集团之间有一系列自愿同意并相互受益的契约，这个契约反映了酒店与社会之间的各种关系，并部分地以立法和法律形式表现出来，它还基本反映了支配酒店行为的习惯和价值观。另一方面，酒店社会责任建设也离不开整个行业的努力。客观上来讲，我国酒店行业在社会责任建设方面取得了初步成就，提出并实践了诸如绿色酒店建设、减少消耗酒店低值易耗品、适度消费等倡议，也制定推行了《中国旅游饭店行业规范》、《绿色饭店等级评定标准》等行业标准，并产生了重要影响。然而对酒店社会责任进行系统性规范的行业标准则一直处于真空状态，尚未形成酒店行业的社会责任标准体系。酒店和酒店行业未来需要对这一亟待解决的重要课题进行深入的研究，以推动酒店自身和整个行业的社会责任建设。

3. 完善酒店社会责任信息披露机制，接受社会各界监督与约束

自 2005 年起，发布社会责任报告的企业数量呈现井喷态势。然而，相关部门对大部分企业发布社会责任报告还只是采取自愿原则，如深圳证券交易所发布《关于做好上市公司 2010 年年度报告披露工作的通知》仅对"纳入'深圳 100 指数'的上市公司按深圳证券交易所《上市公司规范运作指引》等相关规定披露社会责任报告,而对其他企业采取自愿原则鼓励其披露社会责任报告,

这就为监督与约束酒店社会责任带来了信息获取上的难度。我国应该完善如下方面工作：首先，如证监会、证券交易所等相关部门应强制性地要求上市公司披露社会责任相关信息，且对上市公司披露社会责任信息进行规范化、制度化，详细规定披露社会责任信息的范式、内容、范围以及时间等，并通过审计等方式监督公司；其次，上市公司自身应制定社会责任信息披露制度或者在公司内部成立社会责任相关部门或小组负责公司社会责任自查等相关事务；最后，通过网络、报刊等新闻媒体积极对外披露社会责任信息，鼓励社会各界监督，充分发挥新闻媒体、各个团体与个人对公司社会责任建设的监督作用。

| 第四章 |

基于战略绩效视角的企业社会责任评价研究

4.1 企业战略绩效评价的研究综述

4.1.1 战略绩效的内涵

近年来，安然倒闭、高盛诈骗等一系列事件引起了人们的反思，企业利润最大化目标和单纯股东价值最大化是否合理，基于此背景企业战略绩效才逐渐被理论界和实践界所重视。Demsetz（1983）等认为战略绩效是指长期的持续性的价值提升结果，具有动态性的和长期性的特点。Michael Porter（1997）也将营销、研发、管理提升等各类活动归为企业价值链增加的环节，因为这些活动对战略都存在重要影响。由于企业战略绩效的概念在国内还较新，有关论述可谓凤毛麟角，多数学者仍然认为企业利润最大化是企业持续经营的根本目标，因而基于此提出的绩效评价指标体系显然具有短期性静态特征。但也有学者开始了这方面的研究，如徐二明（2000）、孙彭军（2003）等人对战略绩效进行了初步探讨。杨召文（2005）明确提出公司的战略绩效是指公司在综合考虑自己内部的竞争优势和外部竞争环境基础上，通过战略调整而取得的公司价值的增值效果。

4.2.2 战略绩效评价理论沿革

14 世纪复式记账的产生标志着绩效评价思想的起源，至今，绩效评价已经历经了 7 个世纪。纵观历史，绩效评价可分为三个阶段：（1）从 19 世纪初—20 世纪 20 年代，称为成本分析阶段；（2）20 世纪 20 年代—20 世纪 80 年代，称为财务绩效评价阶段；（3）20 世纪 90 年代至今，称为战略绩效评价阶段。具体如下：

1. 成本分析阶段

19 世纪初，随着企业生产效率的提高和经营范围的拓展，铁路、钢铁等行业根据自身特点构建了以成本控制为核心的业绩计量指标。在当时，简单成本评价法的确发挥了一定作用，但由于只能用于事后分析计算，无法在事前及事中进行成本控制。19 世纪末，泰勒建立了以标准成本为核心的绩效评价体系。该方法表达直观，使经营活动效率得到量化，有利于降低生产成本，提高生产效率。同时，使成本控制变被动控制为主动控制，从事后控制逐步转向事中甚至是事前控制。20 世纪以后，随着新古典企业理论和行为科学的发展，经营者的努力程度和管理能力也成了绩效评价指标。在该阶段，由于生产能力低下，管理制度不完善，企业管理者若想获取更高的利润，只有降低成本和提高劳动生产率，因而绩效评价指标十分单一。此外，成本核算属于反馈控制，对控制企业流程、完善企业管理而言，不仅反应迟钝，而且存在时间滞后。

2. 财务绩效评价阶段

20 世纪初，学者开始提出运用财务指标对企业绩效进行评价，后来逐步演变成较为成熟的财务绩效评价方法。1925 年，吉尔曼在其发表的《财务报表分析》中构建了企业财务评价理论与方法的基本框架，为管理会计的经营分析做出了开创性的贡献。财务绩效评价的早期服务对象主要是管理者和所有者，后来开始转向投资者和债权人，而评价的内容则包括盈利能力、偿债能力等方面。20 世纪 20 年代前后，亚历山大·沃尔提出了流动比率、产权比率等七大财务比率，并据此确定行业标准比率，进而对企业经营及信用状况进行评价，为企业财务综合评价奠定了基础。20 世纪 40 年代，企业逐渐开始实行多元化经营及分权化管理，唐纳森·布朗开发的杜邦财务综合评价体系极大地促进了财务绩效评价的发展。此外，其他学者也对此有所贡献，如米切尔研究了绩效评价与经理人报酬之间的关系；摩尔斯发现投资报酬率等是最常用的绩效评价指标。进入 20 世纪后半叶，"每股收益率"、"净资产回报率"及"内部报酬率"等指标的出现进一步扩充了财务绩效评价指标体系。

该阶段的理论研究，通过对企业公布的三大表——资产负债表、利润表和现金流量表的分析，可以了解到企业的财务状况、偿债能力和资产营运情况，甚至是企业的收益及变动情况。同时能利用现行的会计信息系统，并不断完善和扩充绩效评价指标体系，既能与时俱进又具有较强的操作性。但该阶段的研究仅限于企业内部的生产管理方面，利益驱动十分明显，对于企业管理者的评价和激励等仅针对以利润指标为核心财务指标数据，易导致企业经营管理者的短视行为。因此，财务绩效评价方法也有其缺陷。

3. 战略绩效评价阶段

20 世纪 90 年代以来，知识信息化和经济全球化浪潮改变了企业竞争环境和竞争规则。尽管财务性绩效评价仍是主流，但已无法适应现代企业的要求。随着企业对战略管理的日益重视，战略绩效评价体系开始形成。企业除了对短期利益进行财务指标评价，也开始考虑进行企业长期可持续发展能力的评价。同时绩效评价指标的不断创新也丰富了企业长远发展的绩效评价指标体系。这一时期，由于市场环境转变，企业之间竞争的加剧，绩效评价逐步突破单一财务指标体系范畴，开始从企业战略高度考虑企业的可持续发展。处于追求长期利益最大化的战略经营时代的企业，对资本回报率保持关注的同时，更加重视能拥有多少知识资本和社会资源。一方面，企业价值和经济附加值（EVA）等财务指标有效弥补了利润指标的缺陷；另一方面，顾客满意度、企业学习与成长能力等非财务指标又丰富和扩展了整个指标评价体系，同时注重各指标之间的关联性，使得战略绩效评价体系更具科学性、适用性和普遍性。

4.2.3 战略绩效评价模型

战略绩效评价是综合考虑企业内外部经营环境及经济运行规律，结合企业战略管理需要，选择特定的评价指标，运用经济计量模型，对企业利用其有限资源在既定时间内所获的成果做出的客观、真实、公正的评价。由于学者们对绩效的界定和评价标准各持己见，因而相应的企业战略绩效评价也存在不同模型，主要可分为以下三类：

1. 股东价值最大化

（1）财务指标为主

默顿·米勒等开发一系列关于公司价值的经济模型计算经济增加值（EVA，Economic Value Added）来衡量绩效。随后，Jeffrey（1997）又提出了修正的经济增加值 REVA（Refined Economic Value Added），REVA 以资产的市场价值为基础计算企业经营业绩。此外，还有人提出将 EVA 和市场增加值 MVA（Market Value Added）一起使用，评估一家公司的 MVA 就是计算出理论上投资者能从该公司获得的所有资金（股票市值加负债），扣除全部投入资本（股票、借款及留存收益）。

（2）综合财务和非财务双重指标

Peter Ferdinand Drucker（1995）指出企业在形成自己的核心能力（即改革能力）的同时，还需收集其主要竞争对手信息，虽然他未能提出完整的理论模型，但却提供了非财务指标进入业绩评价系统的理论基础。Robert Hal1（1997）沿着 Drucker 的思路将非财务指标引入绩效评价系统，并认为企业可通过质量、时间、人力资源等四个尺度的改进。然而他在人力资源开发方面未能细化出更为具体的标准，且各项指标关联程度不大，易出现某项指标的改进是以牺牲另一项指标的改进为代价，故在实践中很少应用。

2. 股东和客户价值最大化

McNair（1990）等人联合提出了业绩金字塔模型，将总体战略与财务及非财务信息相结合，从战略管理角度阐释了战略目标和业绩评价之间的因果关系和互动机制，并认为这正是企业可持续发展能力的源泉。但该方法未形成具体可行的绩效评价系统，因此在实践中应用较少。Kaplan R S 和 David P Norton（1992）建了平衡计分卡绩效评价模型。该模型从财务、顾客关系、内部运营、学习与成长四个维度中找出成功的关键因素，且四个维度的指标相互联系、互相平衡形成一条因果关系链。平衡计分卡综合考虑企业的经营现状与未来发展，对企业的经营业绩和竞争状况进行系统、全面、综合的评价，揭示了企业如何实现内外部、财务与非财务、长期目标与短期利益的平衡。既评价企业过去的经营活动结果，也评估企业未来的发展潜力，从而有效避免了企业的短期行为。但仍然存在一定缺陷，没能进行兼顾各利益相关者的利益的评估。

3. 利益相关者的价值最大化

英国的克然菲尔德大学（Granfield University）管理学院的 Andy Neely 等（2003）提出了绩效三棱柱模型，用棱柱的五个方面分别代表利益相关者的满意、利益相关者的贡献、组织战略、业务流程、组织能力五个关键要素。这五个方面存在着内在因果关系，通过对这五个方面进行绩效测量，同时结合公司实际情况，进一步细化和分解为许多具体问题，再用测量指标表示每一个问题。与平衡积分卡相比，绩效棱柱模型的突破在于把利益相关者放在核心位置，从利益相关者的满意度和贡献度来考虑目标和战略以及整个经营过程的改进要求。它要求企业理清与各方利益相关者（不仅是股东与客户）的关系，弄清楚到底谁是主要的利益相关者及他们的愿望和需求。同时，企业为了实现自身的目标，也必须从利益相关者手中获取价值，这包括投资者的资金与信用、顾客的忠诚与利润及员工的技术和想法等。因此，企业积极履行社会责任以确保其各利益相关者满意，有利于实现其战略绩效的提升。

4.2 企业社会责任与战略绩效关系的研究综述

4.2.1 企业社会责任与企业绩效的研究趋势

纵观国内外文献，对企业社会责任与企业绩效进行了大量探讨。C.F.Wu（2001）、G.Moore（2001）、M.B.Ruf（2001）等人的研究均证实企业社会责任与绩效之间存在正相关，同时这也是学术界的主流观点（如表 4-1 所示）。同时，由表 4-1 可知，绩效评价指标从单纯关注财务绩效或价值绩效向综合性评价指标转变，也开始关注如企业竞争力、企业成长等战略绩效，可以说社会责任与战略绩效的关系正逐步成为社会责任研究的新趋势，这将促使企业改变过去短视的商业行为，更多地考虑和注重企业的长远利益和可持续发展。

表 4-1　企业社会责任与企业绩效关系的研究表

代表人物	企业社会责任评价指标	企业绩效评价指标	研究结论
Sturdivant 和 Ginter（1977）	将企业声誉分为"卓越"、"鼓励性的"和"极差的"	股东权益回报率、利润率、每股收益	正相关
Cochran 和 Wood（1984）	一个特别声望指数和 Moskowitz 表	营业利润、资产比率、销售比率	正相关
Meguire、Sundgren（1988）	财富杂志调查结果	资产收益率、总资产、销售增长率、资产增长率和收入增长率	没有显著相关性
Waddock 和 Graves（1997）	KLD 数据库	资产收益率、总资产、销售增加率、资产增长率和收入增长率	正相关
李正（2006）	内容分析法	Tobin's Q 值	负相关
田虹（2009）	通信行业 46 家上市公司企业社会责任	企业利润、企业竞争力、企业成长	正相关
张菊（2010）	设计了一套定量指标	总资产收益率	正相关

资料来源：根据资料收集整理

4.2.2　企业社会责任与战略绩效关系的研究进展

笔者通过查阅中国知网、万方数据及维普等相关数据库发现，研究企业社会责任与战略绩效关系的文献不多。Richard C.Peters（2007）指出，通过履行社会责任能够提高企业的社会声誉，并有效对其利益相关者进行管理，从而获得竞争优势。蒋小芳（2011）重点分析了企业社会责任和战略绩效的关联度，深刻解读了企业社会责任对企业发展战略特别是企业战略绩效评价的影响。但基本没有文献对二者关系进行实证研究，由此可知本书研究内容较为新颖，属于探索性研究。

4.3 旅游上市公司社会责任与战略绩效的作用机理

4.3.1 我国旅游上市公司的基本情况

1. 旅游上市公司发展概况

ST 零七 1992 年 4 月 13 日在上海证券交易所挂牌上市，成为第一家旅游上市公司，就此拉开了旅游企业上市的序幕。早期的旅游企业发展较为缓慢，到 1995 年在旅游板块上市的公司仅有 5 家，但都在积蓄力量。到了 1996 年终于有了飞跃式的突破，当年实现上市的就有 5 家旅游企业，1997 年再接再厉，全年又有 6 家旅游企业成功在沪深证券交易所上市，两年间共有 11 家旅游企业上市，占旅游上市公司总数的 1/3，成为旅游企业上市的一个高峰期。在此期间上市的旅游公司基本包括了酒店类、景区类和综合类三种类型。进入 1998 年以后，旅游企业放慢了上市步伐，北京旅游是 1998 年唯一上市的旅游企业。2001 年后，我国证券市场蓬勃发展，市场业务也进一步扩展，除主板市场外，又开放了中小企业板和创业板。在如此情势下，上市公司如雨后春笋般数量激增，但上市的旅游企业也仅有 12 家，其中丽江旅游是第一家在中小企业板块上市的旅游企业。截止 2011 年 6 月 30 日，共有 36 家旅游企业在股票市场（包括沪深 A、B 股，创业板和中小企业板）上市，平均每年有两家，其中大部分在 A 股市场上市，有 33 家（如表 4-2 所示）。

2. 旅游上市公司的分类

旅游上市公司的分类方式有很多种，通常按照业务范围可分为酒店类旅游上市公司、景区类旅游上市公司和综合类旅游上市公司，具体内容如下：

（1）酒店类旅游上市公司

酒店类旅游上市公司以酒店餐饮、住宿、娱乐等为主营业务，附带其他如洗衣和工程装潢等相关业务。它们大部分位于各省会城市，区位条件优越。由于酒店行业进入门槛较低，大量资本涌入使得近年酒店数量增长速度过快，俨然成了一片红海，因此也是旅游上市公司中竞争最为激烈的一类。其激烈竞争集中体现在各地酒店的疯狂价格战——恶性的打折，同时又缺少行业自律组织协调促进良性竞争，导致行业利润率持续下降。

（2）景区类旅游上市公司

景区类旅游业上市公司以经营旅游景区为主营业务，主要特点有：拥有不可替代的资源优势和相对垄断的经营优势（竞争相对较小），产品覆盖范围广，收益比较稳定较稳定，但主营业务较单一、缺乏成长性。该类旅游公司可依托所在地丰富的旅游资源，在稳定业绩的同时适当进行多元化发展，利用兼并或收购等方式实现多种经营，从而为公司找到新的利润增长点。

（3）综合类旅游上市公司

综合类旅游公司经营范围广、投资多元化，涉及金融证券、房地产、电子通讯、五金建材、商业百货等多个行业，较其他类型旅游上市公司资产规模较大。但此类旅游上市公司主营业务不鲜明，多元化经营业绩不佳，利润不是十分明显。究其原因在于多元化经营虽能带来了更多市场机会，降低经营风险，但进入不擅长的领域，无法发挥自身优势，从而导致资源浪费，经营业绩不佳。

3. 旅游上市公司的特征

旅游上市公司在证券市场所占份额虽较小，但也呈现出行业发展的自身特性：

（1）上市数量少，上市速度慢

由表4-2可知从1993年到2011年6月期间，在A股市场上市的旅游公司共有33家，与庞大的旅游企业数目相比，上市数量偏少。旅游公司上市时间相对主要集中在1996和1997年，两年共有11家上市，占整个旅游板块的33%左右，而2000年至2011年，12年时间仅有12家旅游企业上市，平均1家/年，上市速度偏慢。截止2011年上半年，中国有上市公司2450家，旅游上市公司只占其中的1.46%，这和旅游业的蓬勃发展极不匹配。

（2）上市发行价总体偏低

旅游上市公司平均发行价格9.97元/股，除锦江投资、东方明珠、宋城股份发行价分别为52元/股、51元/股、53元/股外，发行价在11—30元/股也仅仅只有5家，数量不多；10元以下的上市公司数量最多，有23家，在这些公司当中发行价由主要集中在5—7元之间。

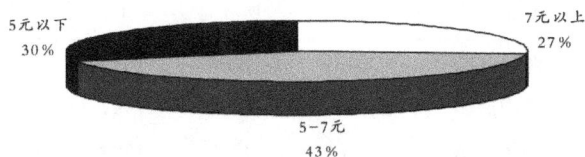

图 4-1 旅游上市公司发行价格区间比例图

（3）经营业绩不突出

近年来飞速发展的经济显著提高了人民的生活水平，旅游逐渐成为人们休闲生活的日常选择；同时国家也出台《关于加快发展旅游业的意见》，明确提出要将旅游业培育成国民经济的支柱产业，投入大量资源大力发展旅游业，这些都使得旅游业持续升温。但旅游上市公司整体业绩却持续低迷，增长速度较缓，甚至个别上市公司出现了业绩滑坡的现象，东海、张家界等由于财务状况不佳，已经被证券交易所特别处理，在股票名称前加上了 ST 的标识。总之，旅游上市公司始终无法走出行业宏观向好、微观业绩低迷的尴尬处境。

表 4-2 旅游上市公司上市时间及发行价格一览表

分类	序号	股票名称	代码	所在地	上市时间	发行价格（元）
酒店类	1	ST 零七	000007	广东	1992-4-13	1
	2	锦江投资	600650	上海	1993-06-07	52
	3	东方宾馆	000524	广东	1993-11-18	6.28
	4	新都酒店	000033	广东	1994-01-03	3.15
	5	东方明珠	600832	上海	1994-02-24	51
	6	华天酒店	000428	湖南	1996-08-08	5.98
	7	锦江股份	600754	上海	1996-10-11	4.9
	8	西安饮食	000721	陕西	1997-04-30	3.15
	9	ST 东海 A	000613	海南	1997-01-28	3.2
	10	全聚德	002186	北京	2007-11-20	11.39
	11	金陵饭店	601007	江苏	2007-04-06	4.25
	12	湘鄂情	002306	北京	2009-11-11	18.9

（续表）

分类	序号	股票名称	代码	所在地	上市时间	发行价格（元）
景区类	13	ST 张家界	000430	湖南	1996-08-29	6.8
	14	黄山旅游	600054	安徽	1997-05-06	6.02
	15	华侨城 A	000069	广东	1997-09-10	6.18
	16	峨眉山 A	000888	四川	1997-10-21	6.76
	17	北京旅游	000802	北京	1998-01-08	4.72
	18	桂林旅游	000978	广西	2000-05-18	6.86
	19	大连圣亚	600593	辽宁	2002-07-11	7.71
	20	丽江旅游	002033	云南	2004-08-25	6.9
	21	云南旅游	002059	云南	2006-08-10	3.6
	22	三特索道	002159	湖北	2007-08-17	5.68
	23	宋城股份	300144	浙江	2010-12-09	53
	24	世纪游轮	002558	重庆	2011-03-02	30
	25	西安旅游	000610	陕西	1996-09-26	3.8
	26	西藏旅游	600749	西藏	1996-10-15	4
综合类	27	中青旅	600138	北京	1997-12-03	6.57
	28	美都控股	600175	浙江	1999-04-08	13.2
	29	首旅股份	600258	北京	2000-06-01	5.87
	30	国旅联合	600358	江苏	2000-09-22	5.86
	31	九龙山	600555	上海	2001-03-28	16.4
	32	万好万家	600576	浙江	2003-02-20	6.28
	33	中国国旅	601888	北京	2009-10-15	11.78

资料来源：根据金融界和旅游上市公司年报整理

4.3.2 旅游企业社会责任履行的动因

1. 获取竞争优势

在如今的现代社会中，企业已成为最主要的组织形式，其竞争力代表了所在国家或地区的竞争力。而企业竞争力的强弱取决于其是否具有竞争优势。诸多研究成果和企业实践表明，通过对利益相关者社会责任的履行，企业可以获取现实的竞争优势。世界经济论坛也指出，具有社会责任感是企业未来能否在全球化浪潮中持续快速发展的一个关键性因素。徐光华（2007）等从战略相关性、共生性和均衡性原则出发，兼顾对企业社会责任的考量，对企业战略绩效评价进行了深入细致的研究，并建立了企业共生竞合的时钟模型，其实证检验结果表明：企业只有在长期战略目标指引下，追求合作共生与互利共赢，不断营造和维护和谐的发展环境（履行社会责任），才能不断增强企业的创新能力和核心竞争力，才能达成企业自身的发展目标。

企业和社会往往都太过关注二者之间的"摩擦点"，而忽视彼此的利益"交汇点"。其实二者是相互依存的利益共同体，无论是商业决策还是社会政策都应该遵循"共赢"原则。倘若其中一方的策略有损于对方利益，也许能短时获利，但对双方的长期繁荣而言却是有害的，自己也身陷囹圄。其实，企业与社会的"交汇点"在于二者都是为了解决社会问题，所以履行企业社会责任的过程也就成了解决社会问题的过程。通常社会问题可分为：（1）普通社会问题，既不受企业经营管理的影响，也不影响企业的长期竞争力，但对社会有重要意义；（2）价值链主导型社会问题，企业经营管理活动对其有明显影响；（3）竞争环境主导型社会问题，这类问题能够对核心竞争驱动力产生巨大影响，如沃尔沃依靠对客户安全性的考虑，既建立了企业独特的竞争优势，又履行了自身企业公民的责任。然而，企业的资源和能力也是有限的，不可能独自解决所有社会问题，对旅游企业来说更是如此。旅游企业经营绩效总体表现不佳，更应关注其与社会的利益交汇点问题。如此旅游企业便可集中优势资源解决社会问题，并在此目标导向下，驱动旅游产品生产不断创新和服务流程的不断完善，进而提高企业的核心竞争力。因此，企业履行社会责任也要有的放矢，有效区分问题类型，充分发挥优势与特长，结合自身发展战略针对性地解决社会问题。而这种针对性则主要体现在选取标准——能否创造共享价值，实现企业和社会的共赢。可以说，企业履行社会责任既能解决社会问题，也将为自身带来无法比拟的竞争优势。

2. 营造支持战略的外部环境

传统的企业理论认为，利润是企业存在的目的和发展的源动力。然而由于信息不对称和外部存在易诱发企业的道德风险行为，使企业逐利活动与整体社会利益之间产生矛盾。这些矛盾的累积又可能会对企业的战略实施的环境产生负面影响，形成企业发展的阻力，甚至成为瓶颈。

所谓外部性是指企业经营活动所带来的成本和收益超越了企业的边界而向外"溢出"，因而又可称为"溢出效应、外部影响或外差效应"。外部性分为负外部性与正外部性两类。当企业把本应由自己承担的成本向外部转移时，就产生负外部性，例如排污问题，企业本应自觉处理生产所带来的污染物，但这将增加企业的成本，它不愿意承担便向外界排放，相当于将本应自行负担的成本转嫁给了社会。当然，企业也会对社会产生正外部性，为社会带来可观的效益。企业健康发展和创富能力的增强，不但能够减少失业、贡献税收，还能促进当地经济的繁荣，带动周边区域的发展，乃至于成为区域经济的强劲增长极。

企业是社会这个有机体中重要的组成部分，其经营活动与社会密切相关，其发展状况和盈利能力是影响人们生活水平和生活质量的关键因素之一。一方面，企业是社会中的企业，是人们安居乐业的基本生活载体，是人们聚集和人际交往的主要活动场所，其文化氛围和工作环境对从业人员的心理和生理健康有着不可估量的影响。另一方面，社会也为企业提供了各种赖以生存的资源，脱离了社会关系与社会环境，企业生存将很成问题。对旅游企业而言，旅游项目的规划和开发不当，致使旅游区或旅游设施闲置，将形成旅游废墟，影响旅游地的生态环境；开发旅游资源，引入商业运作，由于外部强势文化的进入可能会导致旅游地淳朴民风异化，甚至致使一些非物质文化遗产难以传承；此外，用工制度和利益分享机制的差异还可能给旅游地带来旅游漏损。这些经营行为均会产生外部不经济的问题，严重影响人们的社会生活，甚至引发社区冲突。因此，既然企业享受了从社会中获利的权利，相应的也就应该承担社会责任，消除其行为外部不经济的后果，为其发展战略的营造良好外部环境。

4.3.3 旅游企业社会责任与战略绩效作用机理的系统基模分析

1.利益相关者是企业社会责任与战略绩效相互作用的纽带

从战略角度来看，企业环境中一个有机资源集合体，外部的不确定性需要企业及时做出资源配置决策以适应环境变化，从而积累有利于形成企业核心能力的战略资源，并对战略的实施进行有效的激励和监督，确保企业应对环境变化稳定性和连续性。随着类别众多的利益相关者在企业经营活动中的影响力日趋强化，战略绩效是企业与利益相关者在新时期均衡博弈的关联成果。而其关联性主要是通过各种显性契约和隐性契约来实现。"利益相关者资本主义"观点认为，利益相关者对企业是有投入的，这种投入是多种多样的。企业的投入不单来自于股东，也来自于企业的员工、债权人和顾客等，只是后者提供的是人力资本或社会资本投入，因而主张在战略决策过程中要重视对企业成功至关重要的利益集团，将剩余索取权与控制权在物质资本提供方和人力或社会资本提供方之间进行公平合理的分配，并有效地为整个社会创造财富。

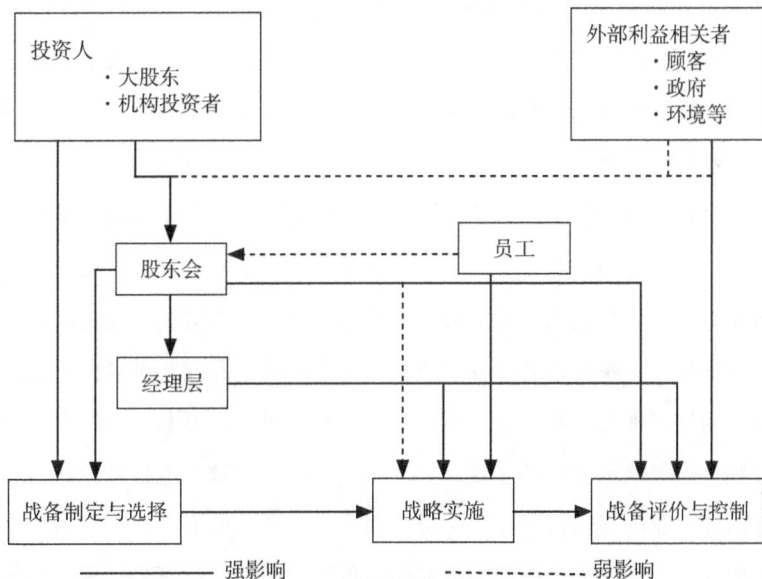

图4-2　利益相关者与公司战略过程的关系模型图

资料来源：徐二明，王智慧．我国上市公司治理结构与战略绩效的相关性研究．南开管理评论2000,（4）:4-14

20 世纪 80 年代，Freeman（1984）提出"利益相关者管理"的观点，即企业需要对那些能够影响并且受到企业影响的利益集团进行系统管理。这一观点获得了学术界的支持，如 Donaldson 和 Preston（1995）。他们认为利益相关者的利益具有固有的价值，即利益相关者的要求是基于基本的道德准则，也许这些要求与企业的战略考虑是相互独立的，但应该在企业的战略中予以关注与考虑。由于利益相关者的利益是企业战略形成的基础。利益相关者管理是指公司资源配置的决策权在影响公司战略绩效的重要相关利益方之间的分配过程，旨在改进总体战略绩效并实现最大化。而具体的战略手段则是通过战略决策人、监督人、实施人及其他利益相关者之间的关系权衡和塑造，为实现公司最终目标的提供有力保障（如图 4-2）。

作为利益相关者管理的主要方式和途径，企业对利益相关者履行社会责任本质是企业与其利益相关者进行剩余收益的分配。只有企业采取公正合理且充分兼顾各方利益的分配方案才能使利益相关者对企业的行为满意，从而对企业的战略决策和行动采取合作的态度，愿意为企业战略的实施有所贡献。由于利益相关者的合作和配合，一方面减低了对利益相关者的管理成本，另一方面又促进了企业战略目标的实现，最终体现为企业的战略绩效的提高，企业业绩飙升，企业规模不断壮大，从而拥有更多的剩余收益来分配给利益相关者，更加有效地对其履行社会责任。如此便形成良性循环，一个正向的增强环路。在这个环路中，企业和其利益相关者各取所需，实现了互利共赢。反之，若企业只履行了对一部分利益相关者的社会责任而无视另一部分利益相关者的社会责任，甚至完全没有履行应有的社会责任，势必会引起利益相关者的不满。利益相关者可通过多种途径对于企业的"败德"行为进行报复和制裁，对企业的战略决策和行动采取不合作的态度，甚至抵制行动，导致企业战略的执行步履维艰，进而使企业的战略目标变得十分难以实现，即使能够实现也要付出高昂的代价和成本。最终表现为企业的战略绩效低下，经营业绩不佳，发展缓慢，剩余收益不仅没有积累，反而在支付为实现企业战略目标的高昂成本中逐渐消耗殆尽，自然也就没有什么剩余收益用于对利益相关者社会责任的履行。这便形成一个负向环路，企业发展的恶性循环。总之，为了在当前日益复杂并紧密联系的世界中生存和发展，企业必须了解其各种利益相关者对企业的利益诉求，有效履行对他们的社会责任，并使其战略与满足其利益相关者的不同需求相一致，以保证企业能向其利益相关者传送价值。

由此，我们不难发现，对利益相关者和企业来说都存在着等价交换：企业想从利益相关者那里获得战略实现所需要的合作与配合，利益相关者也想从企业那里获得所需要的社会责任的承担。利益相关者与企业之间存在的这种"动态关系"便构成了"系统思考"思想中一环扣一环的"逻辑因果闭环"（如图4-3）。因果闭环不仅有利于企业弄清各种结果与驱动因素的逻辑关系，也有利于企业看清每一项行动对闭环上前后行为或结果的影响，让企业行为能够朝着积极正面的方向发展。通过系统思考可以全面预测企业的行为及其可能的结果，这样企业决策的视野将被大大拓宽。此外，"因果闭环"还可以有效解决"动态性复杂"不能单向因果链反映的难题。

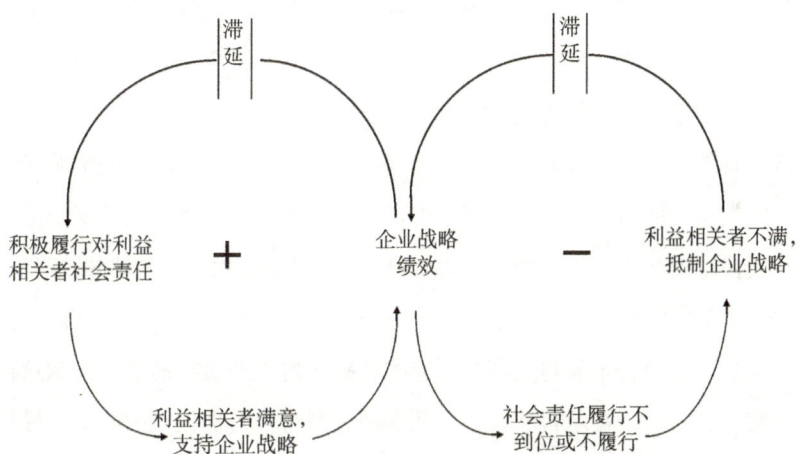

图4-3 社会责任与战略绩效的作用机理图

前文中，我们将利益相关者分为内部和外部的利益相关者，下面我们将从内、外部责任履行情况对战略绩效的影响建立系统基模分析。

73

2.内部责任履行不足遭遇成长上限

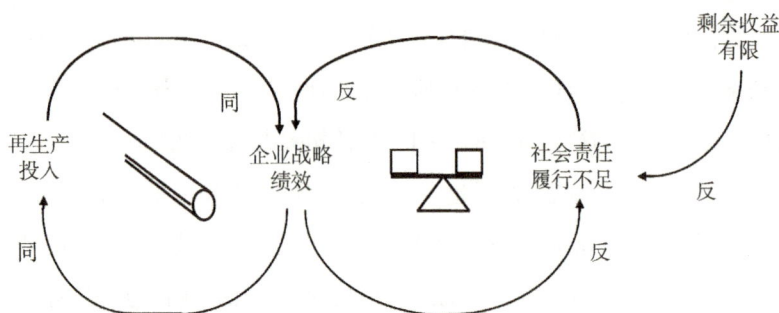

图 4-4　内部责任履行不足的成长上限基模图

旅游上市公司的目标是公司的长期存续与发展，为了实现这一目标，企业会从剩余收益（或营业利润）中提取一部分作为企业发展的再投入，用于扩大规模、开拓市场、更新设备、创新产品与服务。通常，企业为了有更多的营运资金支持其业务发展的需要，会将大部分的留存收益作为再生产投入。一方面，其战略的有效实施得到有力的保障，战略的实施的各个环节所需的资源能够得到充足的供应，从而使其战略不至于因资源短缺而影响效率，战略实施的效果也能够很快得到凸显，战略绩效显著提升——企业得到了一定程度的成长，这可能是业务范围的拓宽，也可能是某项业务市场占有率的提高，抑或总体盈利能力的增强。然而，企业将大部分留存收益投入再生产值得商榷。因为这样与其利益相关者分享收益就自然少了，从而使其履行社会责任能力降低，导致对利益相关者社会责任履行不足。

本书认为，企业内部利益相关者主要是股东、债权人和员工。股东在公司治理结构中是拥有最高权力的利益相关主体，古典经济学理论认为，企业是股东的代理人，企业要对股东的资金安全和收益负主要责任。而事实上，股东与企业应是投资与被投资的关系。投资人希望通过企业的投资获得丰厚的回报，企业应满足股东的期望。股东由于比董事会距离企业更远，他们更关心企业的经营管理结果，而非过程。企业将大部分留存收益投入再生产，虽然能够带来股东权益的增长，但派发红利和股息的数量和次数的减少，使股东获利的预期得不到满足，股东终将"用脚投票"，通过将持有的股份转手以获得收益。股东是资金、土地、技术、声誉等重要资源的提供者，是企业赖以生存、企业战略得以实现的重要驱动力。从长期看，这将对投资者持有信心造成负面的影响，从而使企业股权融资越来越困难，企业战略最终将因为资源不足而难以实施，甚至无法实现，从而影响战略绩效，遭遇"成长上限"（如图 4-4 所示）。

作为企业重要的利益相关者，债权人与企业也存在契约关系，他们为企业提供借贷并对企业享有债权，因而企业对债权人的应负有债务责任。然而这种责任无论是形式还是内容都更多地体现在法律关系上。对债权人社会责任的缺失，将加大企业债权融资的难度。而债权融资是企业在股权融资之外另一重要的融资渠道，债权融资难度的增大，使企业在战略实施过程中的资金需求难以得到保证，从而影响战略绩效。

企业与员工最基本的关系是经济关系，即劳动雇佣关系，此外也存在法律关系和道德关系。法律关系是对经济关系的法律规定，如《劳动法》和《劳动合同法》对企业与员工之间权利与义务的相关规定；道德关系是在经济和法律关系基础上，企业与员工之间存在的相互信任和相互尊重的关系，同时表明企业对员工的职业发展和技能提升负有责任。随着知识对价值创造的决定性作用逐渐被人们所认识，智力资本与财务资本一样在企业中发挥着的举足轻重的作用。在旅游企业中，智力资本的作用更是发挥的淋漓尽致。追本溯源，企业的核心竞争力来源于其智力资本，而员工正是智力资本的主要提供者。因为旅游产品多为地域特色文化的载体，要想充分发掘和展现旅游产品的文化价值，这就要求员工需要有较高的文化素质和表达能力。企业将大部分留存收益投入再生产，用于为员工提供福利、培训和接受再教育的经费便会受到限制。一方面，不利于员工的工作技能的提升，价值创造能力的增强；另一方面，会降低员工的满意度和忠诚度，影响员工士气和工作积极性，这些都不利于企业战略的实现。从长远来讲，企业提供的薪酬与福利不具吸引力，且成长机会较少或成长速度偏慢，不利于吸纳和留住优秀的或具有积极上进心的员工，无法形成具有传承性的人才梯队，难以保障战略实现所需源源不断的人才供应，从而影响企业的战略绩效，遭遇发展瓶颈。

3. 外部责任的缺位无异于饮鸩止渴

企业在生产经营中与众多的个体或群体存在利益关系，成功的关键因素便是能否与环境形成协同。假如企业是一系列契约的组合，那契约关系的向外扩展便构成了利益相关者的关系网络。在这个网络中任何一个成员都将对企业使命与目标、战略决策产生直接或间接的影响。这就要求企业运营过程中必须妥善处理好企业与利益相关者的关系。诸多企业实践表明，对任何一方的利益的忽视都将使战略目标难以实现。前文中我们谈到企业由于对外部利益相关者存在负的外部性，因而必须对他们承担社会责任；否则，他们将联合起来，不合作甚至是抵制和惩罚。如今，企业已愈发容易受到消费者权益保护组织对不良产品的抵制，环境保护组织对污染行为的声讨，社会舆论对当地社区或员工安全的应尽义务忽视的谴责。不少国际知名公司都曾有过类似遭遇，如可口可乐、强生、丰田汽车等。企业只有以大局观的思维对待相关利益群体中的每个成员，才能营造出支持自身发展战略的良好环境。

如果说内部利益相关者为企业提供的是战略资源，那么外部利益相关者则为企业提供一个支持战略的环境，使企业拥有更好的发展空间或更少的成长限制。然而，很多企业认为对外部利益相关者承担社会责任，会增加企业的成本，影响再生产的投入。这一观念使得很多企业对外部利益相关者的社会责任的履行不足甚至是缺位，将企业负外部性的治理成本转嫁给其外部利益相关者，从而造成外部不经济。从短期看，企业的确因为节约了成本而获得更多的资源用以发展，支持其战略的实施，一定程度上提升了战略绩效。然而从长期看，企业对外部利益相关者的社会责任的履行不足和缺位，将在其与外部利益相关者的长期重复博弈过程中得到"惩罚"和"报复"。届时，企业的战略实施将面对众多的外部利益相关者的不合作乃至于受到抵制，这些不合作和抵制所形成的阻力和约束将大大增加企业的营运成本，进而降低企业的战略绩效。因此，可以说企业对外部外部利益相关者的责任缺位无异于饮鸩止渴（如图4-5所示）。

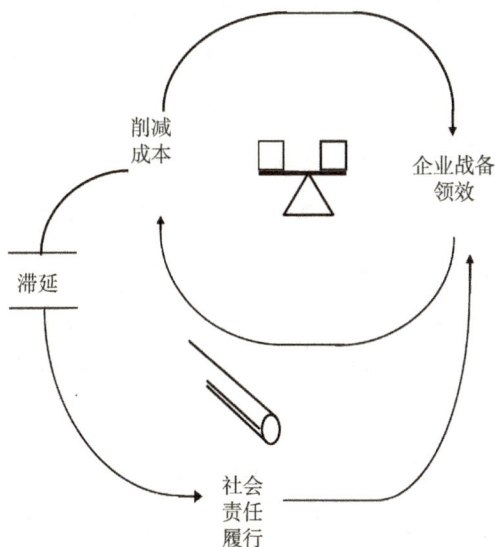

图 4-5 外部责任履行缺位的饮鸩止渴基模图

企业的外部利益相关者众多，主要有消费者、政府、供应商、社区、环境等。本书着重分析消费者、政府和环境这三个利益相关者。首先是企业与消费者。企业利润主要是通过消费者购买产品来实现，消费者购买的越多，企业效益越好。企业是通过提供产品和服务来获利的组织，提供安全舒适、物美价廉和经久耐用的产品，满足消费者物质精神需要是企业的基本职能，因而维护消费者的合法权益是企业对消费者的主要责任。若企业以次充好，以假乱真，通过损害消费者的利益来获取利润，企业战略目标是无法实现的。一方面，消费者可以通过相关法律法规（如消费者权益保护法）或消费者权益保护组织维护自身的合法权益，使企业为其不负责的行为付出更高的成本和代价。另一方面，消费者可选择不购买商品或服务，来表达对企业的不负责行为的抗议。如此，得不到消费者的支持，企业不仅实现不了利润目标，其存续亦将面临困境，谈何战略绩效的提升，如三鹿奶粉、紫金矿业等便是现实中的明证。

在政府看来，企业是其所颁布政策和法律的执行者、和谐社会的建设者和光荣的纳税人。因此，企业对政府的社会责任最基本的是合法经营，竭尽所能创造社会财富，缴各类税费给国家财政，为国家建设添砖加瓦。企业承担对政府的社会责任，可以换得政府的支持。民众希望政府能够承担更多社会责任的期待常常使政府陷入角色冲突中。企业在缓解通胀压力、增加就业、污染治理及投资公益事业等方面的社会参与将帮助政府摆脱困境，减轻来自社会公众的压力。由于企业承担了部分有利于政府宏观政策实施的社会责任，将获得政府的积极认同，在制定和实施政策时政府将向企业予以相应的倾斜，从而增加了企业的经济决策的自由度和灵活性。反之，企业的不履行社会责任，不仅得不到政府的支持，还将受到各种限制，如限时整改，或停产改造甚至吊销营业执照。

企业主动承担保护环境的责任不仅是对社会负责，也有利于自身的长久获利，有助于企业价值的提高，乃至于企业的可持续发展。但仍然有部分企业不重视环境保护，不愿投入资金改善生态环境。从短期来看，企业不投入资金购买或更新环保设备的确能节约一大笔费用开支，但就长期而言，企业作为社会中一员，为社会生产产品或服务的同时，难免会给社会带来一些的污染和损害，也就是前文中所提到的负外部性。倘若企业不加以重视，积极承担其保护生态环境的社会责任，不仅将面临政府的严厉处罚，也会遭到环境保护组织的抵制和声讨，同时给整个社会带来严重的影响，这也必将妨碍企业的长期生存和发展，那时所谓的企业战略统统都将成为空谈。

4.4 旅游企业社会责任与战略绩效关系实证研究

4.4.1 样本选择与数据来源

1.样本选择

为了准确衡量战略绩效这一长期绩效指标，样本取值的时间窗口应较长。通常，一年之内属短期；二至五年中期；五年以上长期。故本书以 2006 年底前上市的旅游业上市公司作为基础样本，选取时间窗口为 2006 年—2010 年 5 年间上下半年共 10 期的数据（见附录 B）。同时，为使本书的研究结论更加稳定及规律，我们对样本进行如下处理：①剔除在研究时间窗口内主营业务发生变化的公司；②剔除财务或年度数据不全的公司；③剔除 ST 公司。查询国泰安数据库和金融界网站发现，2006 年 12 月 31 日前在我国上海证券交易所和深圳证券交易所上市的以旅游为主业的 A 股上市公司，符合本书研究要求的共 27 家，剔除 ST 上市公司 3 家，最终共有 24 家成为研究样本。

表 4-3　样本旅游上市公司一览表

序号	股票名称	代码	所在地	上市公司名称
1	锦江投资	600650	上海	上海锦江国际实业投资股份有限公司
2	东方宾馆	000524	广东	广州市东方宾馆股份有限公司
3	新都酒店	000033	广东	深圳新都酒店股份有限公司
4	东方明珠	600832	上海	上海东方明珠（集团）股份有限公司
5	华天酒店	000428	湖南	湖南华天大酒店股份有限公司
6	锦江股份	600754	上海	上海锦江国际酒店发展股份有限公司
7	西安饮食	000721	陕西	西安饮食股份有限公司
8	金陵饭店	601007	江苏	金陵饭店股份有限公司
9	黄山旅游	600054	安徽	黄山旅游开发股份有限公司
10	华侨城 A	000069	广东	深圳华侨城控股股份有限公司
11	峨眉山 A	000888	四川	峨眉山旅游股份有限公司
12	北京旅游	000802	北京	北京京西风光旅游开发有限公司
13	桂林旅游	000978	广西	桂林旅游股份有限公司
14	大连圣亚	600593	辽宁	大连圣亚旅游控股股份有限公司
15	丽江旅游	002033	云南	丽江玉龙旅游股份有限公司司
16	云南旅游	002059	云南	昆明世博园股份有限公司
17	西安旅游	000610	陕西	西安旅游股份有限公司
18	西藏旅游	600749	西藏	西藏旅游股份有限公司
19	中青旅	600138	北京	中青旅控股股份有限公司
20	首旅股份	600258	北京	北京首都旅游股份有限公司
21	国旅联合	600358	江苏	国旅联合股份有限公司
22	九龙山	600555	上海	上海九龙山股份有限公司
23	万好万家	600576	浙江	浙江万好万家实业股份有限公司
24	美都控股	600175	浙江	美都控股股份有限公司

2. 数据来源

本书所用数据来源主要有：（1）权威数据库，如天软数据库、国泰安（GSMAR）数据库等；（2）公共网络数据，如东方财富网（www.eastmoney.com）、金融界（www.jrj.com.cn）、巨潮网（www.cninfo.com.cn）等；（3）文献数据，如旅游上市公司年报、国家旅游统计年鉴等。为了保证数据的真实性和可靠性，笔者对数据进行了抽样多渠道比对，对于存在较大出入的数据作了进一步的核实。

4.4.2 研究变量设计

1. 旅游企业社会责任评价指标的选取

国外研究通常是借助 KLD 数据库作为对企业社会责任进行衡量，而目前我国缺乏此类数据库，对企业社会责任的量化还难以全面，大部分的研究使用的是财务报表内反映的会计信息，或通过文字定性内容来反映非财务信息。本书将综合这两种视角，借鉴 Homer. H Johnson（2003），颜剩勇（2006），张文贤（2006），唐小兰（2006），沈洪涛（2007），张亚博（2008），明阳（2009）等国内外专家和学者的研究的成果与经验，并依据指标设计的重要代表性、弱相关性、相对完整性和可获得性等原则，基于利益相关者理论从企业对股东、债权人、员工、顾客、政府、环境等 6 个方面初步遴选 28 个指标，构成适合我国国情的社会责任评价指标体系（如表 4-4 所示）。

由于基于已有的大量研究成果而建立的理论评价体系具有较大主观性，因而本书采用德尔菲法对其进行进一步的实证筛选。为此，我们制作了《旅游上市公司社会责任评价指标调查表》（见附录 C），通过现场访谈和电子邮件等方式邀请了 50 位专家（其中企业界 40 名，理论界 10 名）填写调查表，要求他们对 6 个一级指标下的每一个二级指标按重要程度进行打分。这些专家长期从事社会责任方面的管理工作或学术研究，具备相关管理实践经验和专业知识，综合多位专家意见可增强评价指标的客观性和科学性。最终回收 45 份调查表，有效 40 份。

为使专家尽快达成一致意见，首先计算回收的有效调查表中各评价指标专家打分的均值与方差以确定专家总体意见趋势和离散程度,将结果反馈给专家,让专家依据反馈结果对各个评价指标进行第二轮打分。接着对回收的第二轮数据做同样处理,并对两轮回收的数据结果进行卡方 χ^2 显著性检验。具体公式如下:

$$\chi^2 = \frac{(n-1)\times\sigma_2^2}{\sigma_1^2}$$

（4-1）

其中, n 为专家人数, χ^2 为由两轮方差构造的检验统计量, σ_1^2 为第一轮打分的方差, σ_2^2 为第二轮打分的方差。当 $\chi^2 < \chi_{0.95}^2$ 时,两轮方差差异不显著,证明此轮方差收敛性较好。经 SPSS17.0 统计软件进行计算表明,对每个评价指标均有 $\chi^2 < \chi_{0.95}^2$,说明两轮专家打分的方差具有一致性,不用再进行第三轮专家打分。

表4-4　企业社会责任评价指标汇总表

一级指标	二级指标	符号	操作化定义
对股东的社会责任	每股净资产	V_1	V_1= 净资产 / 流通在外普通股
	每股收益	V_2	V_2=（净利润－优先股股利）/ 在外普通股
	资本保值增值率	V_3	V_3=（期末股东权益 / 期末股本净额）/（期初股东权益 / 期初股本净额）
	总资产报酬率	V_4	V_4= 净利润 / 平均总资产
	净资产收益率	V_5	V_5= 净利润 / 平均股东权益
	股利支付率	V_6	V_6= 每股股利 / 每股收益
对债权人的社会责任	利息保障倍数	V_7	V_7= 息税前利润 / 利息费用
	流动比率	V_8	V_8= 流动资产 / 流动负债
	债务保障率	V_9	V_9= 所有者权益总额 / 负债总额
	股东权益比率	V_{10}	V_{10}=1 －资产负债率 =1 －负债总额 / 资产总额
	资产负债率	V_{11}	V_{11}= 负债 / 总资产

（续表）

一级指标	二级指标	符号	操作化定义
对员工的社会责任	员工所得贡献率	V_{12}	V_{12}= 支付给职工以及为职工支付的现金 / 主营业务收入
	工资福利增长率	V_{13}	V_{13}= 员工工资福利增长率 / 净利润增长率
	员工人均所得	V_{14}	V_{14}= 支付给员工及为员工支付的现金 / 员工总数
	工资费用比	V_{15}	V_{15}= 员工工资 / 净利润
	法定福利支付率	V_{16}	V_{16}= 法定福利实际支付额 / 法定福利总额
	职工劳动生产率	V_{17}	V_{17}= 主营业务收入 / 员工总数
对顾客的社会责任	主营业务成本率	V_{18}	V_{18}= 主营业务成本 / 主营业务收入
	销售额增长率	V_{19}	V_{19}= 当期主营业务收入 / 上期主营业务收入 −1
	应收账款周转率	V_{20}	V_{20}= 营业收入 / （应收票据＋应收账款）
对政府的社会责任	税收贡献率	V_{21}	V_{21}= 企业支付的各项税费 / 总资产
	税收增长率	V_{22}	V_{22}= 本期全部税金 / 上一期全部税金 − 1
	上缴的税费净额	V_{23}	V_{23}= 支付的各项税费 − 收到的税费返还
	就业人数	V_{24}	V_{24}= 公司员工总数
	就业人数增长率	V_{25}	V_{25}= 本期员工总数 / 上一期员工总数 − 1
对环境的社会责任	是否进行了环保投入	V_{26}	对应进行环保投入的公司，投入了的取1，没有投入取0
	环保投入比率	V_{27}	V_{27}= 环保投入 / 净利润
	环保投入增长率	V_{28}	V_{28}= 当期环保投入 / 上一期期环保投入 − 1

资料来源：根据相关文献整理

最终我们以第二轮专家打分的结果为基础，剔除其中平均分低于3分的二级指标。因后续研究需要进行回归检验，为减轻多重线性的影响，故企业对股东、债权人、员工、顾客、政府等五个方面选取平均得分最高的前2个指标，而对于环境的指标平均得分超过4分的仅有1个，因而旅游企业社会责任综合评价指标体系是由6个一级指标及11个二级指标组成的，如表4-5所示：

（1）股东

每股净资产是反映股东投资的安全程度和企业稳定性的指标。该指标值越高，股东投资的安全程度越高，企业的稳定性越好，企业对股东尽责程度越高。

每股收益是用以反映股东盈利能力的重要指标。每股收益越高，说明股东获利目标越容易得到满足，股东利益保障程度也就越高，也即公司股东越负责任。

（2）债权人

债务保障倍数反映债权人的资金受到息税前收益的保障程度。债务保障倍数越高，说明企业长期偿债能力越好，债权人的利益越有保障。股东权益比率可以反映企业的经营风险和偿还负债能力。对债权人而言，股东权益比率越高，说明其投资风险越小，越能保障其本金和利息收入。

（3）员工

员工所得贡献率用以反映企业照顾员工利益的程度。通常企业支付给员工薪酬越多，说明对员工的利益照顾越充分，该指标值越高。而工资福利增长率则主要反映了员工与企业共同发展的程度，其值越高，说明企业员工工资福利的增长速度越接近或超过利润的增长速度，员工对企业成长贡献越多，所获报酬越大。

（4）顾客

主营业务成本率可以反映企业对顾客的尽责程度，但其选取有前提条件——若公司照顾客户的利益，则会给顾客带来实际利益，即让利给顾客，因而主营业务毛利率就越低，主营业务成本率越高。销售增长率是反映企业与顾客长期合作关系的重要指标。若企业提供的产品（服务）存在质量问题，则其销售的增长率会下降。该指标值越高说明企业对顾客越尽责，与顾客关系越稳定。

（5）政府

税收贡献率是用以反映企业对政府的贡献程度的指标。该比率越高，说明企业通过上缴税收方式对政府做出的贡献程度越大，因此也被称作企业对政府贡献的风向标。而税收增长率是用以衡量企业对政府贡献的增长情况。该指标值越高，说明企业对政府的贡献持续增长程度越高，尽责程度不断提升。

（6）环境

企业对环保的投入是衡量企业社会责任履行的重要变量。本书衡量企业的环保责任采用赋值的方法，如果企业在报告中反映有环保投入，则赋值1，否则赋值 0。之所以未采用"环保支出"的具体金额或相应比率作为评价指标，是由于大部分旅游上市公司均未详细披露对环保支出的定量资料，选用定量指标无法反映我国旅游上市公司的真实情况，故本书使用了非财务指标来进行量化。

表 4-5 旅游上市公司社会责任指标体系表

利益相关者	衡量指标	符号	操作化定义
股东	每股净资产	X_1	X_1= 净资产 / 流通在外普通股
	每股收益	X_2	X_2=（净利润—优先股股利）/ 在外普通股
债权人	债务保障率	X_3	X_3= 所有者权益总额 / 负债总额
	股东权益比率	X_4	X_4= 股东权益比率 =1 —资产负债率 =1 — 负债总额 / 资产总额
员工	职工所得贡献率	X_5	X_5= 支付给职工以及为职工支付的现金 / 主营业务收入
	工资福利增长率	X_6	X_6= 员工工资福利增长率 / 净利润增长率
顾客	主营业务成本率	X_7	X_7= 主营业务成本 / 主营业务收入
	销售增长率	X_8	X_8= 本期主营业务收入 / 前一期主营业务收入 — 1
政府	税收贡献率	X_9	X_9= 企业支付的各项税费 / 总资产
	税收增长率	X_{10}	X_{10}= 本期全部税金 / 上一期全部税金 — 1
环境	是否进行了环保投入	X_{11}	根据公司所从事的业务性质，对于应该进行环保投入的公司，进行了投入的取 1，没有投入取 0

2. 企业战略绩效变量的选择

战略管理理论认为公司目标在于持续生存和发展，要实现此目标各利益相关者的支持必不可少，股东和债权人是企业利益相关者最为重要的两个群体，因而通常用上市公司的市值和长期负债之和来表示其公司价值。而公司价值的增长源于公司的价值创造能力，反映企业用适宜的战略应对周围环境变化的能力，唯有创造价值满足各利益主体的诉求才能使企业长期的存续和发展。战略管理理论认为，企业经营的最终目标是要提升企业的价值创造能力，实现长期价值的增长。战略绩效是企业在综合分析内部竞争优势和外部竞争环境之后，通过不断的调整和修正战略而获得的公司价值的提升效果。因此，可以用公司价值成长能力来描述企业的战略绩效。这一点在徐二明和王智慧（2000）、李增春（2003）、孙彭军（2003）、杨召文（2005）、周祖德等（2006）的研究中得到了支持。本书借鉴徐二明和王智慧观点，选择公司价值成长能力来衡量战略绩效。

一般学者在实证研究中采用市账比（公司市值与资产账面价值的比率）、Tobin'S Q、资产成长率等来衡量公司价值的成长能力。鉴于我国资本市场的特殊性，单纯地用流通股的市场价值来衡量企业市场价值有失偏颇。且总资产市值更加接近公司价值，其相对于账面价值的增长率可有效衡量公司价值的成长能力。所以，本书选用了市账比来衡量公司价值的成长能力（战略绩效）。其计算公式和符号表示为：

市账比（Y）=（流通股总市值＋每股净资产×非流通股股数＋负债的账面价值）/总资产的账面价值

3.控制变量及其度量

本书所要研究的是企业社会责任与战略绩效之间的关系，然而考虑存在众多影响因素，在实证设计中选择企业规模、股权性质等作为本书的控制变量。

（1）企业规模

企业规模在企业履行社会责任过程中扮演着十分重要的角色。因为企业只具备较大规模才会对利益相关者投入更多的资源,也才更有能力履行社会责任。同时在企业履行社会责任过程中，较大规模的企业所受社会关注力相对较多，所以使其必须承担较多的社会责任。

（2）股权性质

考虑到我国是社会主义国家，存在"企业办社会"的情况，国有企业承担着更多的行政指令要求的社会责任。因而企业性质可能对研究结果产生影响的，为此设置了此虚拟变量。其中，1表示国有控股，0表示非国有控股。

4.4.3　研究假设与模型构建

1.研究假设

本书重点考察企业对股东、债权人、员工、顾客、政府及环境的社会责任，并分别考察企业积极承担各类社会责任对战略绩效的影响。

股东是对企业影响较大的利益相关者，因而企业要积极承担对股东的责任，不仅要实现股东的资本保值增值，及时而且合理地给其分配红利或利润，还要及时地将企业的治理状况和财务情况披露给投资者。倘若只想获得投资却不愿意抑或无能力分配合理利润，定会遭到股东抛弃。企业积极履行对股东社会责任，会赢得广大投资者的信任，进而吸引其投资选股，稳定并提高企业的筹资能力和融资水平，为企业发展战略提供持续而稳定的资金来源。因此本书有：

假设 H_1：企业积极承担对股东的社会责任有利于战略绩效的提高

在承担债权人的社会责任中，企业按时履行还款义务，尽可能地降低债权人的风险等行为，一方面在企业经营发展过程中会大大提高企业的信用程度，增加企业的融资能力，另一方面若企业在经营中出现困境，面临资金紧缺和周转不灵等问题时，也会有更多的银行等金融机构愿意为企业提供资金。因而企业积极承担对债权人的社会责任，相比较其他企业而言，具备良好的发展潜力和价值创造能力。因此本书有：

假设 H_2：企业积极承担对债权人的社会责任有利于战略绩效提高

知识经济时代企业的竞争就是人才的竞争，因而人力资源状况决定着企业能否获得竞争优势。已有研究发现，高效的员工管理显著影响企业绩效的改善，企业社会责任与员工忠诚度和工作动机存在显著相关性。为提高员工忠诚度，充分调动员工工作积极性，管理层会采用更为人性的管理模式，并积极承担对员工的社会责任，使员工成为企业战略的坚决拥护者和积极执行者。故本书有：

假设 H_3：企业积极承担对员工的社会责任有利于战略绩效的提高

顾客是企业产品或服务的最终使用者，他们对产品和服务的接受程度对企业战略绩效和企业价值的提升有着直接或间接的影响。随着社会法制的不断完善，顾客的维权意识不断加强，对所购产品的质量和生产企业的信誉也越来越重视。因此，企业也应积极关注对顾客责任，秉持诚信经营的理念，切实维护消费者的合法权益。唯有如此，才能获得消费者的认可与支持，为企业的战略实现营造良好的社会环境，从而促进企业的持续健康发展。因此本书有：

假设 H_4：企业积极承担对顾客的社会责任有利于战略绩效的提高

已有研究表明政府在企业履行社会责任起到了至关重要的作用。政府不仅是约束和规范企业发展的政策制定者，也是企业商品和劳务的重要购买者，更是对企业各种补贴的提供者，会对企业绩效和企业行为产生重大影响。企业积极承担对政府的责任，不仅可以赢得政府扶持与培育，还能降低和政府负面关系的风险，为企业营造出至关重要的外部环境。所以，与政府有着良好关系的企业必然可以获得更好的外部发展机会，从而有利于其战略目标的实现。因此本书有：

假设 H_5：企业积极承担对政府的社会责任有利于战略绩效的提高

生态环境是企业赖以生存和发展的基础，然而企业在利用有限的自然资源发展自身的同时有意无意地给自然环境带来了损害，如肆意地向外界排放未经处理的污染物，项目开发时不采取措施保护原生植被。随着人们环保意识的不断加强和相关环保法规的颁布，若企业仅一味向环境索取以追求高额的经济利润，而忽视对保护环境和合理的利用资源，一方面会受到法律的严厉制裁，另一方面也遭到社会舆论的口诛笔伐，而且最终还会受到自然环境的惩罚，从而严重影响企业的战略实现和可持续发展。因此，企业在追求经济利益的同时，也要积极履行对环境的责任，才能保证企业的长期、稳定发展。故本研究有：

假设 H_6：企业积极承担对环境的社会责任有利于战略绩效的提高

2. 模型设定

本书的实证采用是面板数据，其估计步骤为：①由 Chow 检验，在混合回归模型（OLS）、个体固定效应（Fixed effects）或个体随机效应模型（Random effects）三个模型中进行选择；②若选择的是个体固定效应或个体随机效应模型时，再根据 Hausman 检验的结果确定，若 P 值 > 0.5，选择个体随机效应；反之，则选择个体固定效应。由于面板数据一般会存在时间序列自相关和截面成员异方差，进行估计时，最佳方法是 Cross-section SUR，能够同时消除这两种影响。但因本书的样本受到时期数（10 期）小于截面数（24 家）的限制，使用 Cross-section SUR 无效。因此采用能够消除截面成员异方差的 Cross-section weight 进行估计。表达式如下：

$$Y_{it} = \beta_0 + \beta_1 CSR_{it} + \beta_2 Con_{it} + u_{it} \qquad （4-2）$$

其中，Y 为企业市账比，CSR 为企业社会责任的解释变量，包括 X1，X2，X3，X4，X5，X6，X7，X8，X9，X10，X11；β_0 为截距，β_1，β_2 为待估参数，u 为随机误差项。

4.4.4 实证分析

本书将根据研究内容和研究假设，运用 Excel、SPSS17.0 和 Eviews6.0 等统计分析软件对样本数据进行分析，主要采用描述统计、相关性和多元回归分析等方法。

1. 描述性统计分析

表 4-6 旅游上市公司区域分布表

所在地	家数	所占总数百分比	累计百分比
上海	4	16.67%	16.67%
北京	3	12.50%	29.17%
广东	3	12.50%	41.67%
江苏	2	8.33%	50.00%
浙江	2	8.33%	58.33%
陕西	2	8.33%	66.66%
云南	2	8.33%	74.99%
湖南	1	4.17%	79.16%
安徽	1	4.17%	83.33%
四川	1	4.17%	87.50%
广西	1	4.17%	91.67%
辽宁	1	4.17%	95.84%
西藏	1	4.17%	100.00%

从表 4-6 中可知，样本旅游上市公司在北京、广东、上海及江苏等经济较发达的省份较为集中，占到了总数的 50%，而山西、甘肃、新疆、内蒙古等旅游资源丰富的中西部省份却至今尚无一家，说明旅游上市公司区域发展的不均衡。

通过表4–7和4–8中的描述可以看出：

（1）对股东的责任

每股收益最大为0.98，最小为–0.43，表明样本公司的股东盈利性水平存在较大差异，均值为0.14，表明旅游上市公司总体上股东获利性较差。每股净资产最大为8.24，最小为0.84，说明股东投资的安全程度较好。

（2）对债权人责任

债务保障倍数平均为0.14，说明上市公司偿还长期债务的能力总体一般。股东权益比率均值为0.6，说明债权人的投资风险较低，本金和利息收入较有保障。但各公司的水平也有所不同。

（3）对员工的责任

员工所得贡献率平均为19.6%，说明我国的旅游上市公司对员工的责任总体履行较好；员工福利增长率平均为29.25%，说明与利润的增长比起来，员工工资福利增长偏慢，这与我国的现实情况也是基本吻合的，过去10年间我国经济飞速发展，但总体的工资水平提升有限。

（4）对顾客的责任

主营业务成本率平均为55.34%，销售增长率平均为24.23%，说明旅游上市公司较能考虑顾客的利益，同时提供的服务顾客较为满意才有销售的增长，对顾客较为尽责。

（5）对政府的责任

样本公司的平均政府所得贡献率为2.66%，税收贡献增长率为47.4%，表明总体来看，我国旅游上市公司纳税贡献不高，但增长势头强劲，未来有可能成为财政收入的重要增长点。

（6）环境的责任

环保投入的企业数逐年增加，但到2010年也仅有33.3%的公司进行了环境保护投入，主要是投入于环保工程改进，环保厕所和环保车。表明当前我国旅游上市公司对于对环境保护的责任重视程度还不够。

（7）企业战略绩效

样本公司的平均相对公司价值为8.84，价值创造能力为1.91，但二者最大值和最小值的差异较大。

表 4-7 变量描述性统计表（n=240）

变量名称	变量符号	最小值	最大值	平均值	标准差
每股净资产	X_1	0.84	8.24	2.78	1.1918
每股收益	X_2	-0.43	0.98	0.14	0.1952
债务保障率	X_3	-0.3669	1.3506	0.1398	0.2067
股东权益比率	X_4	0.2663	0.8903	0.5994	0.1475
职工所得贡献率	X_5	0.0097	2.6209	0.1957	0.2599
工资福利增长率	X_6	-0.8892	8.5666	0.2925	0.9889
主营业务成本率	X_7	0.0400	0.9492	0.5534	0.1952
销售增长率	X_8	-0.7796	6.8535	0.4616	1.0283
税收贡献率	X_9	0.0011	0.1048	0.0266	0.0197
税收贡献增长率	X_{10}	-0.8975	12.0683	0.4737	1.4459
市账比	Y	0.79	6.74	1.91	0.8355
总资产的自然对数	Lna	19.65	24.61	21.12	0.9357

表 4-8 样本企业环保投入情况表

年份	2006	2007	2008	2009	2010
有环保投入企业数（家）	3	5	7	8	8
占总数比例（%）	12.50%	20.83%	29.17%	33.33%	33.33%

（8）控制变量方面

总资产规模的自然对数的均值为 21.12，并且差异性较小，表明样本公司的规模水平差异不大；股权性质方面，仅有 5 家公司为国有控股，占总数的 21%，其他均为非国有控股。

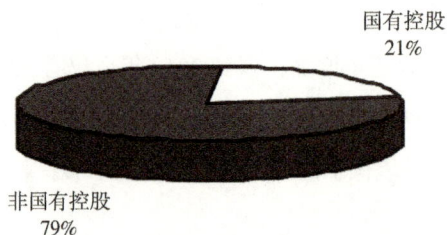

图 4-6 样本企业股权性质情况图

2. 变量的相关性分析

表 4-9 各自变量的相关性分析结果表

	每股净资产	每股收益	债务保障率	股东权益比率	职工所得贡献率	工资福利增长率	主营业务成本率	销售增长率	政府所得贡献率	税收贡献增长率	是否环保投入
每股净资产	1										
每股收益	.532	1									
债务保障率	.201**	.365**	1								
股东权益比率	-.201**	-.094	-.379**	1							
职工所得贡献率	-.148	-.272**	-.155	-.122	1						
工资福利增长率	.076	.224**	.002	-.027	-.058	1					
主营业务成本率	.057	.007	-.190**	.222**	-.069	.027	1				
销售增长率	-.003	.574**	-.136	.195**	-.044	.029	.045	1			
税收贡献率	.158	.294**	.467**	-.165*	-.059	-.059	-.159	.071	1		
税收贡献增长率	.049	.172**	-.129	.080	.386**	.248**	.121	.088	.086	1	
是否环保投入	.195**	.22	.091	.155	-.088	-.020	-.265**	-.006	.178**	.057	1

注：样本数 N=240。*$p < 0.05$，**$p < 0.01$；双尾检验

由表 4-9 中可看出，各自变量之间的相关程度均为超过 0.8 的警戒值，说明不存在严重的多重线性。但仍有部分变量相关性较高，销售增长率与每股收益的相关性达到了 0.574，每股收益与每股净资产的相关性也达到了 0.532，债

务保障率与政府所得贡献率的相关性达到了 0.467，以及职工所得贡献率与政府所得贡献率的相关性系数为 0.386，且均是在 P 值小于 0.01 下显著正相关，说明共线性仍然存在，只是没有那么严重，可能会对回归结果产生一定的影响。

3.旅游企业社会责任与战略绩效关系回归分析

为了检验各社会责任指标与战略绩效的相关程度，在控制了公司规模和股权性质的基础上，以战略绩效（市账比）为因变量，企业社会责任的各维度的指标为自变量进行回归。为了防止伪回归的出现，在进行回归分析之前要检验数据的平稳性。经过 LLC 检验、IPS 检验、ADF 检验、PP 检验表明各主要解释变量和被解释变量均在 5% 水平上拒绝了存在单位根的原假设，表明该面板数据是平稳的，不存在伪回归（见表 4–10）。

表 4–10 变量的单位根检验表

变量（Variable）	LLC 检验	IPS 检验	ADF 检验	PP 检验
每股净资产（X_1）	0.0000	0.0338	0.0014	0.0027
每股收益（X_2）	0.0000	0.0003	0.0007	0.0001
债务保障率（X_3）	0.0000	0.0000	0.0000	0.0000
股东权益比率（X_4）	0.0000	0.0108	0.0019	0.0071
职工所得贡献率（X_5）	0.0000	0.0464	0.0062	0.0000
工资福利增长率（X_6）	0.0000	0.0000	0.0000	0.0009
主营业务成本率（X_7）	0.0000	0.0000	0.0000	0.0000
销售增长率（X_8）	0.0000	0.0000	0.0000	0.0000
政府所得贡献率（X_9）	0.0000	0.0010	0.0000	0.0000
税收贡献增长率（X_{10}）	0.0000	0.0000	0.0000	0.0001
是否环保投入（X_{11}）	0.0000	0.0417	0.0057	0.0107
市账比（Y）	0.0000	0.0334	0.0065	0.0243

因此，根据模型设定，采用 Cross-section weight 做初步的多元回归，回归结果见表 4–11。由表 4–11 可知，调整后 R^2 为 0.402626，DW 值为 1.300679，说明回归拟合优度一般。回归结果中有 3 个社会责任指标：X_5（职工所得贡献率）、X_6（工资福利增长率）和 X_{10}（税收贡献增长率）与战略绩效（市账比）负相关，但它们的 P 值分别为 0.1111、0.1156 和 0.353，大于 0.1，无法通过显

著性检验，表明这3个变量虽与战略绩效负相关，但其相关性不显著。说明企业主营业务成本的高低、销售增长的快慢以及为政府贡献的税金增长的快慢对企业的战略影响并不十分明显。

表4-11　初步回归结果表

模型1	因变量（战略绩效）			
	变量（Variable）	标准化系数（Coefficient）	t值	显著水平（Prob.）
	常数项（C）	2.170974	0.717796	0.4737
	每股净资产（X_1）	0.6988	10.102738	0.0183
	每股收益（X_2）	0.971645	3.575229	0.0004
	债务保障率（X_3）	0.287055	1.111341	0.2677
	股东权益比率（X_4）	1.451167	2.663008	0.0084
自变量	职工所得贡献率（X_5）	0.486687	2.255971	0.0251
	工资福利增长率（X_6）	0.068154	1.883256	0.0611
	主营业务成本率（X_7）	−0.864302	−1.600129	0.1111
	销售增长率（X_8）	−0.083003	−1.580062	0.1156
	政府所得贡献率（X_9）	12.03682	3.706776	0.0003
	税收贡献增长率（X_{10}）	−0.058066	−2.119353	0.353
	是否环保投入（X_{11}）	0.0499	0.470389	0.6386
	调整后 R^2	0.402626		
	F值	5.602404（***）		
	Durbin-Watson值	1.300679		

注：样本数 $N = 240$,*$p < 0.10$,**$p < 0.05$,***$p < 0.01$; 双尾检验

而在与战略绩效正相关的指标中，X_1（每股净资产）、X_4（股东权益比率）、X（主营业务成本率）、X_9（政府所得贡献率）这4个指标的P值均小于0.05，证明这4个变量与因变量在5%的显著性水平下具有显著正相关。同时还有 X_8（销售增长率）的P值略大于0.05但仍小于0.1，说明在10%的显著性水平下该自变量与因变量显著正相关。而 X_2（净资产收益率）、X_3（债务保障率）和 X_{11}（是否环保投入）这3个变量的P值分别为0.245、0.2667和0.6386，均未通过P值检验，表明公司的股东投资收益能力、长期债务偿还能力和是否环保投入与战略绩效虽具有正相关性，但相关程度并不显著。

为了更精确地考察企业社会责任和战略绩效的关系，尽量消除多重线性的影响，并保证模型设定的正确性，最终衡量社会责任的各维度中选取对战略绩效较为显著影响的一项指标，分别是 X_1（每股净资产）、X_4（股东权益比率）、X_5（职工贡献率）、X_7（主营业务成本率）、X_9（政府所得贡献率）和 X_{11}（是否进行了环保投入）。并以公司规模变量和股权性质作为控制变量，建立面板数据多元回归模型进行分析。首先，Chow 检验结果表明不应选用混合回归模型，选择固定效应或随机效应；再通过 Hausman 检验（如表 4-12 所示），Prob>chi8=17.609015（0.0139）可知 P 值显著，应选择固定效应模型，得到多元线性回归结果。由表 4-13 相关系数可知，进入多元回归模型的 4 个自变量及 2 个控制变量与战略绩效的相关系数都是正数，表明这些指标对战略绩效都是具有正向的影响的。

表 4-12 Hausman 检验结果表

Test Summary	Chi-Sq. Statistic	Chi-Sq. d.f.	Prob.
Cross-section random	17.609015	8	0.0139

表 4-13 多元回归结果表

模型 2	因变量（战略绩效）		
变量（Variable）	标准化系数（Coefficient）	t 值	显著水平（Prob.）
常数项（C）	3.679332	1.459379	0.146
每股收益（X_2）	0.911793	3.520544	0.0005
股东权益比率（X_4）	2.0023	4.095762	0.0001
自变量 职工所得贡献率（X_5）	0.553388	2.662763	0.0084
主营业务成本率（X_7）	-0.676067	-1.272704	0.2046
政府所得贡献率（X_9）	9.305717	3.404127	0.0008
是否环保投入（X_{11}）	0.061904	0.704358	0.482

（续表）

模型 2		因变量（战略绩效）		
控制变量	股权性质（cont1）	0.001534	0.017956	0.0857
	公司规模的自然对数（cont2）	0.146765	1.211601	0.0227
	调整后 R^2	0.493976		
	F 值	8.494622（***）		
	Durbin-Watson 值	1.340693		

注：样本数 N = 240,*p < 0.10,**p < 0.05,***p < 0.01; 双尾检验

由表 4-13 知，调整后 R^2 为 0.493976，DW 值为 1.346824，拟合优度明显提升，说明回归模型得到一定程度的修正。P 值显著性检验结果表明，X_1（每股净资产）、X_4（股东权益比率）、X_5（职工所得贡献率）和 X_9（政府所得贡献率）这 4 个变量的 P 值均小于 0.05，这些指标与战略绩效均显著正相关；X_7（主营业务成本率）和 X_{11}（是否有环保投入）的 P 值均大于 0.05，分别为 0.2046、0.482，未通过显著性检验，表明在多元回归模型中对战略绩效的影响是不显著的。

综合上述实证分析，对研究假设进行了检验，具体情况如表 4-14 所示。

表 4-14　假设检验结果汇总表

假设内容	检验结果
H_1：旅游上市公司积极承担对股东的社会责任有利于其战略绩效的提高	成立
H_2：旅游上市公司积极承担对债权人的社会责任有利于其战略绩效的提高	成立
H_3：旅游上市公司积极承担对员工的社会责任有利于其战略绩效的提高	成立
H_4：旅游上市公司积极承担对顾客的社会责任有利于其战略绩效的提高	未支持
H_5：旅游上市公司积极承担对政府的社会责任有利于其战略绩效的提高	成立
H_6：旅游上市公司积极承担对环境的社会责任有利于其战略绩效的提高	未支持

4.4.5 结果分析与管理建议

1. 结果分析

本书利用中国旅游上市公司 2006—2010 年的面板数据对企业社会责任与战略绩效关系进行了实证研究，表 4-14 的回归结果表明，企业积极承担社会责任对战略绩效的影响是正向的，体现社会责任通过对利益相关者对战略绩效具有驱动作用。研究结果具体情况如下：

（1）旅游上市公司积极承担对股东的社会责任有利于其战略绩效的提高

假设 H_1 认为企业对股东的社会责任对战略绩效的影响，在 0.01 的显著水平上得到了支持，且影响力较强。企业积极承担对股东的责任，经营者不滥用其"内部人"的地位操作利润，不仅实现股东资本的保值，还为股东带来一定程度的收益，股东将会"用脚投票"走向能够实现自身利益的企业，从而有利于企业获得更多的股东资源，为企业战略的实现提供有力的保障，企业对股东的责任与战略绩效之间理应是强烈的正相关。

（2）旅游上市公司积极承担对债权人的社会责任有利于其战略绩效的提高

假设 H_2 认为企业对债权人的社会责任与战略绩效正相关，在 0.01 的显著水平上得到了支持。企业越有能力按时归还到期债务，从而降低债权人的风险，获得债权人信赖，才能在企业战略需要时，充分利用债权融资这一渠道获得资金，为战略绩效的提升做出贡献，因而也更有能力长久地为企业带来良好的业绩。

（3）旅游上市公司积极承担对员工的社会责任有利于其战略绩效的提高

假设 H_3 认为企业对员工的社会责任与战略绩效正相关，在 0.01 的显著水平上得到了支持。员工是战略的具体执行者，也是企业的核心竞争力所在，对企业的发展具有举足轻重的作用。就旅游企业而言,其劳动密集性的就业结构，要求企业更多地关注员工，积极承担对员工的社会责任，因为旅游行业用以与顾客交换的商品大部分都是员工提供的服务，只有良好素质的员工才能提供令顾客满意的优质服务。对员工社会责任表现好的公司，在员工的薪酬、福利、培训等方面投入较多，有利于吸引和留住高素质且具有高忠诚度和满意度的优秀人才，从而获取公司的竞争优势，进而实现战略绩效的提升。

（4）旅游上市公司积极承担对顾客的社会责任与战略绩效的提高不相关

回归结果还表明，企业对顾客的社会责任与战略绩效不显著相关，假设 H_4 没有得到证实。这可能与旅游业的特点有关。我国旅游业多以观光游览为主，游客去到相同的景点旅游往往只有一次，因为让游客重复观赏相同的景点将失去了原有的吸引力，因而游客与旅游企业的交易往往是单次行为；或有些旅游产品本身的生命周期很短，如 2010 年上海世博会中，除了中国馆、世博文化中心、世博轴等四馆一轴永久性建筑外，沙特馆、日本产业馆、西班牙馆、石油馆、宝钢大舞台等大部分场馆都只对外展出半年左右的时间，过了这段时间游客将再也看不到了。这些情况都使得顾客与旅游企业之间缺乏重复博弈的机会。旅游企业可以逃避反馈性的惩罚，使其易滋生侥幸心理而进行"宰客"行为以获取高额利润。

（5）旅游上市公司积极承担对政府的社会责任有利于其战略绩效的提高

假设 H_5 认为企业对政府的社会责任与战略绩效正相关，在 0.01 的显著水平上得到了支持，且这种影响力也十分强劲。旅游企业的近年来的蓬勃发展与政府的大力支持与积极引导密切相关。一方面，对政府的社会责任履行好的企业，遭遇政府干预管制、罚款的几率均较低，从而体现了经营环境的稳定性；另一方面，对政府的社会责任好的企业，与政府的关系良好，累积了社会资本，有利于其长期的发展。这些无疑都给旅游企业战略的实现提供了有力支撑。

（6）旅游上市公司积极承担对环境的社会责任与战略绩效的提高不相关

假设 H_6 认为企业对环境的社会责任与战略绩效无显著相关。一方面，可能由于进行环保投入会造成企业经营成本的提高，对于整体业绩并不佳的旅游企业也是出于缩减成本的考虑，尽量不进行环保投入。另一方面，由于目前国家对环保工作的支持力度不是很够，相关法律约束不够严格，从而滋生了企业的侥幸心理，如近期的康菲石油公司渤海湾漏油事件中，康菲公司不仅少报瞒报漏油险情，对于海面油污打捞依然处置不力，而且未配合执行国家海洋局的"两个彻底"的决定，最终却仅以处罚 20 万元作为了结，对于一家上千亿资产的企业来讲，这点处罚只能说是九牛一毛，无法起到"杀一儆百，惩前毖后"

的效果。

除了企业对顾客和环境的责任对战略绩效影响不显著之外，企业对股东和债权人、员工、政府的责任与战略绩效都是显著正相关的。因此，总体来说，旅游企业履行社会责任有利于战略绩效的提升，有利于企业获取竞争优势和提升核心竞争力，使企业能在激烈的市场竞争中脱颖而出，进而持续健康发展。

2. 管理建议

总体而言，旅游企业社会责任与战略绩效是正向相关的，即企业高度的社会责任行为会带来企业战略绩效的提升；反过来，战略绩效的提升又会进一步推动企业更好的履行社会责任。这也正好能为企业积极承担社会责任提供理论支撑。在国外企业早已通过积极承担社会责任来树立良好的企业形象，改善企业同顾客、员工等利益相关者关系时，我国仍有部分企业却还在逃避应该承担的社会责任。面对当前旅游上市公司业绩总体低迷、环保投入不足的现状，需要从建立利益相关者相互制衡的旅游上市公司治理模式等方面入手，采取有效措施。

（1）与政府建立融洽的社会关系

在各个利益相关者中，政府对企业履行社会责任的监督和推动具有不能替代的作用。政府可以通过立法、行政管理等手段影响企业的经营和管理。企业对政府的社会责任越多，越能得到政府的关注和重视，能为企业提供良好的发展环境，促进战略绩效的提升。反之，如果企业不履行法定纳税义务，有偷税漏税现象的发生，一旦被发现，会遭到严厉的处罚，影响企业正常的生产经营，增加成本，引发战略绩效下降。同时，企业也要清楚自身的职能，勿再重蹈计划经济时代的"企业办社会"的覆辙，过多地承担本不必要责任，而削弱企业本应具有的经济职能，进而影响企业的经营与发展。

（2）建立利益相关者相互制衡的旅游上市公司治理模式

利益相关者相互制衡的治理是指运用制度安排确保每个产权主体（利益相关者）的利益最大化。企业社会责任履行状况实质上是公司各利益关系人（股东、经理、债权人等）相互博弈的结果，是各相关利益者权利和义务的集中反映，也是产权主体相互依存、相互作用制衡机制的集中反映。企业积极承担各利益相关者的责任，不仅能获得政府的资金和政策的资助和扶持、股东的信赖和投资、债权人的信任和出资、员工的认同和回报，更能获得社会大众的认可和支持，拥有良好的经营环境、良好的社会形象，从而获得良好的战略绩效和可持续的发展。反之，企业的蓬勃发展又能创造更多的剩余收益，用于承担其对各方利益相关者的社会责任的承担，从而实现企业与社会的"有福同享，利益均沾"。如此良性循环的过程不断地规范，不仅能提高旅游上市公司治理质量，也有利于整个社会福利的增进。

（3）转变发展模式

改变过往以观光游览为主的"门票经济"和休闲度假为主的"假日经济"的传统模式，深度发掘旅游资源的文化内涵，开发具有旅游目的地区域特色的文化旅游产品，向"文化创意型经济"转变。一方面，可以延长旅游产品的生命周期，增加其经济附加值，使整个旅游经济长期保持发展的活力，有利于旅游企业获取具有差异化的核心竞争优势，提升战略绩效；另一方面，可以增加顾客的旅游产品或服务的重复购买行为，有利于企业收集市场与顾客反馈的信息，从而有针对性地进行调整，不断完善产品和服务，有效履行顾客的社会责任。

（4）增加环保投入，切实履行环保责任

虽然旅游业被誉为"无烟工业"，对环境的污染少，但随着旅游项目的开发，在一定程度上改变了旅游地的原始自然风貌，有的甚至会给环境来负面的影响，若不投入资金加以维护，久而久之旅游吸引物将失去原有吸引力，最终有可能演变成旅游废墟，对环境造成严重伤害。同时在旅游地被开发之后，游客人数逐年增多，旅游交通也日趋发达，旅游饭店的数量不断增加，这些都给旅游地的环境带来了巨大的压力。所以，旅游企业要改变的"无烟工业"不需要环保投入的观念，合理规划旅游项目的开发，并从经营收入中提取一定比例投入环保，切实承担起对环境的社会责任。

| 第五章 |

基于机构投资者视角的企业社会责任评价研究

5.1 机构投资者参与公司治理的研究综述

5.1.1 机构投资者的概念界定

机构投资者，在西方学术界和实务界已经成为一个通用的概念，国内学术界也引进并使用了这一概念。机构投资者有狭义和广义之分。狭义的机构投资者是指各种证券投资基金、养老基金、证券中介机构、社会保险基金及保险公司。而广义机构投资者包括各种证券中介机构、证券投资基金（投资公司）和各种社会基金及社会慈善机构等。英国著名学者戴维斯等在其著作《机构投资者》中将机构投资者定义为一种特殊的金融机构，代表中小投资者的利益，将他们的储蓄集中在一起管理，为了特定目标，在可接受的风险范围和规定的时间内，追求投资收益的最大化。李维安（2005）认为机构投资者是指用自有资金或者从分散的公众手中筹集的资金专门进行有价证券投资活动的法人机构，包括证券投资基金、社会保险基金、商业保险公司和各种投资公司等。汪忠等（2005）认为机构投资者作为投资代理，主要指各种证券中介机构、证券投资基金、养老基金、社会保险基金及保险公司。钱露（2010）认为机构投资者主要指证券投资基金、养老保险基金、商业保险公司、投资信托公司和证券投资公司等法人投资主体。

虽然对机构投资者的定义有所不同,各国的机构投资者的影响也有所差别,但机构投资者的作用却在不断加强。解强（2007）认为与个人投资者相比，机构投资者具有资金雄厚、投资管理专业化、投资结构组合化、投资行为规范化的优势。机构投资者作为股东参与公司治理，改变了股东相对于管理者的弱势地位，已然成为促进公司所有权集中，改善公司治理结构的重要机制。结合我国目前证券市场的特点，本书研究的机构投资者是指运用自有资金或通过各种金融工具筹集的资金专门进行有价证券投资活动的法人机构，主要包括：各类证券公司、保险基金、投资基金、信托投资公司、社保基金和合格境外机构投资者。那么在本书的实证部分选取的研究对象是 QFII，主要是考虑到积极关注公司治理层面的意愿及能力，从而保证在实际研究背景下研究结果予以假设一定的支持。

5.1.2 机构投资者参与公司治理的动因

广大机构投资者的出现是股东想参与且又有能力参与公司治理的起点，它是公司内部治理的历史性转折。如公司治理三大报告——卡德伯利报告（1992）、格林伯利报告（1995）和哈姆佩尔报告（1998）都是由机构投资者制订。机构投资者主要基于以下几方面的原因参与公司治理。

1. 成本角度

首先，机构投资者会进行"用脚投票"和"用手投票"的成本比较。"用脚投票"意味着机构投资者根据华尔街准则决定自己的行为，靠买卖企业股票来含蓄地鼓励或批评企业经营者，而很少直接干预企业。但是当持股比例达到一定比重，机构投资者作为大宗股份的持有者，不能轻易地抛售股票或者放弃投资，因为高持股比例使"用脚投票"的成本大大上升，机构投资者的变现行为将很可能出现股价大幅度下跌使其无法承受潜在的市值损失，因而机构投资者会积极关注每一个与公司治理以及公司绩效相关的因素，并从被动持股转变为主动投资的，积极参与公司治理。其次，股东间沟通成本小，成功采取集体行动的可能性大。因为大股东持股额大，股东数量少，因此集体行动易于沟通，而且因为其机构持股比例较高，相对参与治理的收益而言，参与成本易于消化。经过成本—收益分析比较之后，收益仍能为正。最后，考虑监督成本的递减程度。机构投资者参与公司治理，建立长期关系，就能逐步增加其信誉以及对被投资公司管理者的影响力和监督能力。通过运用关系型投资施加影响，机构监督成本会随着与介入对象交流和了解的加深而逐渐递减。机构投资者越来越倾向于应用这种关系型投资作为自己对其投资公司来施加影响的方式，机构投资者参与公司治理的成本是随着机构和所参与治理对象交流的深入和了解的加深而逐渐递减的。

2. 收益角度

首先是经济收益。麦肯锡咨询公司（2002）对机构投资者介入公司治理增加企业价值的研究显示，机构投资者对企业价值增加的贡献率为20%—40%。出于经济收益的考虑，机构投资者会积极地持有该公司的股票并参与公司治理。其次是风险收益。管理层通常要在高度不确定性和高风险的情况下做出投资决策，所以机构投资者要积极扮演和履行公司治理的基本角色和责任，诸如监督和控制，以此降低风险造成的危害，获取风险收益。因为一个良好的公司治理机制中对经理层的监督机制及经理层的遴选机制尤为重要，同时它也直接影响该公司的投资价值。所以，从理论上而言，机构投资者有足够的动机和理由来积极参与公司治理。不过在实践中，机构投资者在切实履行这些职责时，不可避免地受到自身、环境等因素限制。再次是信息收益。任何一个企业进行投资决策应该以掌握该企业的信息为基础。Prowse（1992）认为机构如能获得企业内部信息，并且参与到企业的内部决策中去，机构完全可以有效地监督企业各项政策。在观念上，机构投资者都认同投资企业的非财务评价指标是非常重要的，财务的账面价值并不能全面地反映出企业的经营发展状况。那么在这种情况下，机构投资者只有通过积极参与公司内部治理结构的改革，才有可能获取足够的信息，从根本上改变投资者利益受损的局面。

5.1.3 机构投资者参与公司治理的方式及实践效果

林莉（2007）和罗栋梁（2008）认为机构投资者主要通过行使投票权等方

式参与公司治理，具体表现为：

1. 争夺投票代理权

委托投票制度能保证由于某些原因不能参加股东大会的股东可以行使自己的权利。如果想通过投票影响公司治理，需要股东尽可能争取更多的股票。2008 年 3 月，平安最大的基金流通股股东对中国平安临时股东大会关于公开增发及发行可转债等再融资的 3 个议案均投了反对票。霍尼韦尔（Honeywell）公司的基金、大股东及股东服务公司联盟，成功地阻止了公司及其管理层原先想采取的两项行动。此外，机构投资者还可以通过反对管理者提议的委托投票权活动来行使权力。

2. 发起股东提案

由于机构投资者发起一份股东提案所受到的限制并不多，因此股东提案成为机构投资者干预公司采用较多和相对较优的模式。机构投资者就其关心的问题，向股东大会或者特别股东大会提出股东提案，会给管理层带来一定的压力，从而对公司的管理层形成了一种强有力的监督。所以公司管理层的反应很积极，有时甚至会接受那些低于多数票支持的股东提案，并且在股东提案还未公开时就接受。Gillan 等（2000）认为机构投资者股东提案的投票结果与提出者的身份、内容等有关。据统计数据显示，机构投资者提案的平均支持率为 32.9%，是个人提案的 1.75 倍。被 Ca1PERS 倡导的提议经常得到比较高水平的支持，平均投票赞成率达到 41%，被其他机构投资者如 SWTB 或者 TIAA-CREF 倡导的提议也比个人投资者能得到高水平的支持率。而且，当支持提案的投票比例达到35% 的比例时，机构投资者与管理者进行协商时就有更强大的制约力。

3. 私下协商

机构投资者主要采用这种非正式对话的方式向公司的董事会、管理层表达自己对公司的业绩问题、治理问题的关注和质疑，有时候也会向董事会或管理层递交能对解决问题有所帮助的股东议案。因为他们的目的只在于引起注意并解决问题，所以如果采取私下协商可以解决问题，则机构投资者一般无须选择其他成本更高的做法。Smith（1996）研究发现，1988 年到 1994 年之间，CalPERS 成功地与 72% 进入治理评价清单的目标公司达成一致。从 1992 到

1996 年期间,CREF 与 45 家目标公司的 71% 通过私下协商,提案得以协议解决。1998 年,美国机构投资者委员会（CII）会员提出的议案中就有 40% 在私下协商后被撤回,通常情况下股价对此有积极反映,这表明经营者愿意通过采取提高公司业绩的措施与机构投资者合作。

4. 定期发布目标公司名单

机构投资者可以采取定期对外公布其所持有股份公司中管理绩效差的公司,利用社会舆论的压力向公司董事会和经理层施加压力,以此达到促进公司绩效改善的目的。CalPERS 作为最积极推动股东价值导向治理运动的领头者,每年都要以 EVA、股东回报等尺度来评估其股票投资组合中公司的绩效,将那些长期绩效低劣的企业列为"CalPERS 焦点公司",并从 20 世纪 80 年代开始,每年出版一本业绩不佳公司的目录。研究表明,62 家受过 CalPERS 关注的企业,在 CalPERS 采取行动随后 5 年其股价从 S&P（标准普尔）500 指数的 89%,增长到高出 S&P500 指数的 23%,这给 CalPERS 额外增加 1.5 亿美元左右的回报。在给劣迹公司曝光的同时,CalPERS 也颁奖给在公司治理方面有卓越表现的公司和个人。由于机构投资者通常认为良好的公司治理会在未来提高企业业绩并给投资者带来收益,所以,公司治理问题常常是他们积极行动的指向。

王彩萍（2007）通过对 2001—2004 年中国上市公司数据的研究后发现,仅从 2003 年开始,中国机构投资者才能够通过"用手投票"和"用脚投票"的方式对上市公司的业绩产生影响。机构投资者反对中兴通讯 H 股发行、"方正科技收购战"、"胜利股份股权之争事件"等诸多案例也都很好地反映了中国机构投资者的觉醒。续芹（2009）通过对 2003 年至 2005 年上市公司数据的研究,探讨了中国机构投资者对上市公司股价的市场表现、公司治理和经营业绩三方面的作用,研究显示中国的机构投资者对目标公司市场表现的作用还是比较明显的。宋渊洋等（2009）选择 2003—2007 年中国上市公司的经验数据对机构投资者参与公司治理进行了实证研究,得出结论：机构投资者持股有助于企业绩效改善,这种改善作用与持股比例正相关。Ferreira（2008）和 Elyasiani（2010）的研究也肯定了机构投资者在监督公众公司管理层和提高公司业绩方面的作用。综合以上的研究发现,机构投资者对公司治理的影响是积极的，这主要表现为抑制公司管理层权力的滥用、提高公司的绩效、推动公司治理运动的发展等三个方面。

5.2 企业社会责任与机构投资者持股关系分析

5.2.1 企业社会责任对机构投资者持股的影响分析

公司治理是衡量一家企业是否值得投资者投资的一个重要指标，因而所有的投资者均愿意投资公司治理较好的企业。近年来，公司治理的范围已经拓展到企业社会责任领域。公司治理好的企业必要在企业社会责任领域也有出色的表现。如果一家企业开始关注社会责任，就可以说明它具有良好的治理结构，并善于运用社会责任来创造独特的竞争优势，这样的公司必然为投资者带来可观的回报。著名战略学者迈克尔·波特在《竞争论》中，用生动的案例阐述了"以竞争力的方式来解决社会问题"的观点。他认为，企业在追求自身利益的同时兼顾社会利益是一种共赢战略，如果一个企业积极地承担对各利益相关者的社会责任，那么在相对比较长的时间内，这些投资也会以持续经营等方式反映在未来的收益里。从这个意义上来说，企业社会责任体现了长期的竞争力和企业价值。中国的证券市场与西方相比虽然不长，但经历了十几年的发展和完善，我们有理由认为投资者已经开始越来越理性，除了关注公司的一些基本面的信息，更会关注社会责任这一综合性指标，因其更能反映公司的整体表现。企业社会责任的履行会对机构投资者持股决策与偏好产生长足的影响。首先，企业对政府、投资者、员工、债权人、社区等利益相关者的社会责任较差，会影响到企业的经营稳定性，机构投资者在投资决策时会将这类公司看作是高风险的投资对象。Shane 和 Spicer（1983）指出：社会责任好的公司能够获得机构投资者的信任并被认为是与那些社会责任差的公司相比具有更小投资风险。Cullis 等（1992）研究发现社会责任好的企业向投资者传递着一种积极正面"信号"，他们公司具有可持续发展的前景，而且有高质量的管理。其次，从社会资本的角度来说，企业充分重视利益相关者的利益，有利于与其保持良好的关系，从而产生可长期使用的社会资本，因而会增强投资者的投资信息并影响其决策。再次，企业社会责任给机构投资者带来令人满意的投资回报。Moskowitz（1972）对14家社会责任履行较好的企业进行了长达半年的研究，发现这些企业股价的上涨水平高于同期大盘的上涨水平，因此他得出结论：具有良好社会表现的企业是投资者好的投资选择。企业社会责任与企业绩效之间的正相关关系，给企业社会责任影响机构投资者持股提供了一个令人信服的理由。下面将具体从影响因素和影响途径来分析企业社会责任对机构投资者持股的影响。

1.影响因素分析

企业的社会责任承担决策与投资者的投资决策一样，必须进行理性、审慎的抉择，既要考虑自身的内部因素，如资源与能力，又要考虑外部因素，如市场等，力争以最小的投入，获取更大收益回报以及更多的利益相关者的关注和认可。企业履行社会责任行为时，会有以下几个方面影响到机构投资者持股决策。

（1）企业社会责任度

企业社会责任度是指企业依据其拥有的使命、能力、职权等所应该对社会承担的最大责任限度。这是一个全新的概念，也是正确认识企业社会责任的承担是否会影响企业经济绩效的一个最直接标准。这个限度就是一个临界点，倘若企业对社会责任的承担超过了这个临界点，就可能会损坏企业经营绩效，也会影响到机构投资者的持股决策。具体包括以下几种限度：

1）使命限度。企业承担社会责任的第一限度就是使命限度。因为任何一个企业的首要职责就是执行其职能，完成其使命，实现其各个领域的目标。如果做不到这一点，就不可能再做其他任何事情，对其他任何事情也必定做不长久。企业完成好其首要目标是做好其他事情的基本保证，毕竟企业如果想"做好事"，那么首先必须"做得好"。

2）能力限度。企业积极承担社会责任，当然也必须具备承担它造成的影响所需要的能力，但是对于那些不是由它自己造成的影响所产生的社会责任领域，其责任的承担就要受到自身能力的限制。因而，企业应该承担那些应该承担的、又力所能及的社会责任。

3）职权限度。权力和责任自古以来就是密不可分的。企业要求职权就意味着承担社会责任；反过来，企业承担社会责任也应有相应的职权。倘若企业没有而且不应该拥有某项职权，它就无法承担与此相对应的社会责任。

（2）时间长短

企业积极地承担社会责任给企业带来的影响是有一个时滞效应的。短时间内，社会责任的承担会增加企业的运营成本，导致部分利益的丧失或让渡。但从一段时间来看，企业的社会责任行为相当于一种投资，为企业创造了一个更为广阔的生存空间。因为这种投资能够改善企业的社会形象，改善和各个利益相关者的关系，营造出企业与社会和谐、互动的关系。企业通过社会责任投资所获得的收益足以弥补企业最初额外支付的成本，因而企业承担社会责任与企业经营绩效之间并不矛盾。企业积极承担社会责任对机构投资者持股的影响虽然不能产生立竿见影的效果，但是在一段时间之后必然会引起投资者的关注与重视。

（3）市场结构

企业积极承担社会责任是一种企业行为，公司治理结构的改善、经营绩效的提高和机构持股比例的增加则是反映企业行为的成就或是结果，不同的市场结构对这些关系的影响是有差异的。因为市场结构为企业各种各样的经济活动提供了特定的外部环境。在微观经济学中，根据市场竞争程度的强弱把市场分为四个类型：垄断市场、完全竞争市场、垄断竞争市场、寡头市场。在完全竞争市场上，由于市场上的企业很多，单个企业的产品价格不具备影响力。在给定时间内，企业承担社会责任会增加产品的成本，从而使得企业绩效在短时间内受损。因而完全市场上一些企业为了私利偷税漏税、生产假冒伪劣、破坏和污染环境等不负责任的行为就得到了解释。而在垄断市场中，厂商可以把承担社会责任所增加的成本通过自己定价转移给了产品消费者，因而企业社会责任与经营绩效等关系就不那么明显了。

2.影响途径分析

企业社会责任的履行会对机构投资者的持股决策与偏好产生长足的影响，

主要从企业承担对政府、股东、员工、消费者、环境、供应商以及债权人的社会责任分析对机构持股的影响。

（1）企业承担政府的责任对机构持股的影响

国外大多数对政府和企业社会责任的研究都表明政府在企业社会责任建设中扮演新角色的重要性和紧迫性。Lepoutre 等（2006）认为政府起到了战略作用，来管理制度上的不确定。Fox 等（2002）认为政府为企业社会责任提供一种环境：命令式（立法的）；推动式（指导方针）；合伙人（结合多个利益相关者）；认可工具（公开）。政府作为企业主要的外部利益相关者之一，为企业提供了包括制定公共规则、改善生态环境等在内的各种公共服务，还通过引导的方式影响企业绩效。具体而言，政府可以通过三条途径来影响企业。首先，最主要的是通过法律、政策来规范、引导、扶持、培育企业。例如政府制定的企业组织法、税法等，都强制性地规范了企业行为。其次，政府也是企业所提供商品和劳务的重要购买者，政府的购买行为对企业的生存和发展起着至关重要的作用。再次，政府还可以通过各种各样的补贴对企业行为产生重大影响。因而企业的发展与政府的扶持是息息相关的。

企业积极承担对政府的责任，遵守法律和各项规章制度、按时缴纳税款、提供就业岗位，不仅可以赢得政府的信赖和好感，也能为企业争取优惠的政策或减少限制，降低和政府负面关系的风险，还能获得政府给予的更多自由，从而避免相关的罚款，进而营造出有益于企业发展、有益于企业价值提高的至关重要的外部环境。所以，企业积极地承担政府社会责任无疑是政府公关有力的敲门砖。这种监管力度一定程度的降低可以使企业比竞争对手获得更好的经营环境，有助于企业绩效的提高，因为也会吸引机构投资者的关注与持股。

（2）企业承担对股东的责任对机构持股的影响

在契约论中，企业是利益相关者之间各种契约所形成的一种法律实体，最为核心的契约关系就是经营者与股东间关系，这也是现代企业制度的核心问题。企业首先应当积极承担对股东的社会责任。因为股东作为重要也是对企业影响较大的利益相关者，其利益实际上是企业或企业家实现承担社会责任的基础。虽然企业追求股东利益最大化并不能保证其他利益相关者的利益最大化，但是如果股东利益最大化受到损害，企业根本无法长久地维护其他利益相关者的利益。但是同样的，一个企业若想要实现可持续发展以及股东长期的投资价值的增长，必须在股东利益实现的同时保证其他利益相关者的利益。

企业承担对股东的责任首先体现在要实现资本的保值增值，不仅要保证投资者资本的安全，还要具备给投资者分配合理的红利或利润报酬的能力。其次对股东的责任体现在要及时地披露企业经营状况，包括财务状况和非财务状况。倘若一个企业只想从股东手中获得投资而不愿或无力分配合理利润，或者经理人员仅仅考虑眼前的成绩、地位和利益，不考虑企业的长期发展和企业资产的保值增值，把短期收益建立在牺牲企业长期利益的基础上，给企业带来不利的影响，这样的企业注定会被股东所抛弃。企业经营者这种对股东不负责的行为会导致企业代理成本的上升和经营效益的下降，从而将影响股东的回报。机构投资者愿意持有投资回报好的公司股票。企业积极承担社会责任，机构股东自然就会愿意投入更多资金，这才有利于企业的发展壮大。现有的实证研究结果表明，投资者对企业的评价不再仅限于财务、市场等数据，长期的机构投资者非常关注企业社会责任，而且投资额与企业社会责任有正相关关系。例如，英国石油公司的投资者经常会询问："你们开展业务时是否安全，是否承担了相应的社会责任？"因为石油产业是一项高危险的行业，很容易发生事故。而企业发生事故就意味着巨额的赔偿，甚至倒闭。所以在投资者眼中，一个不重视安全、不积极承担社会责任的企业，它的生命力注定不会长久，也不可能得到资本市场的认可。

（3）企业承担对员工的责任对机构持股的影响

在知识经济时代，人力资本已经成为企业不断发展的核心竞争力。由于人力资本的专用性和团队化，使得员工和企业关系逐步强化和直接化，从而日益成为企业的真正承担者，企业的生存和发展越来越依赖员工的素质。企业利益分配是否合理会影响员工的工作情绪、工作状态，进而影响到企业绩效。具体而言：首先，企业为员工提供合理的福利待遇和良好的工作环境，保证员工工作稳定性及培训晋升机会等有利于提高员工的生产积极性和企业生产效率，进而可以降低生产成本和管理费用。其次，企业积极承担员工责任培育出的高素质、高满意度的员工可以提高企业的产品和服务质量，最终提高顾客满意度以及企业形象。企业如果仅仅将员工视为赚钱的工具，未能主动履行对员工的社会责任，那么企业内部员工就没有使命感和成就感，只是被动地应付工作，更谈不上主动地开拓创新。倘若员工对组织的忠诚度低，那么企业就失去了获取利润的动力，更不用说企业的持续稳定的发展。

研究显示企业社会责任不仅会影响潜在员工挑选雇主，还会影响员工满意度和忠诚度。哈德森（2004）对美国企业员工的一项调查显示：相信"本公司是一家负责任企业"的员工忠诚度，是那些认为"本企业没有承担社会责任"的员工六倍。刘昕和林南山（2006）发现员工的忠诚度和工作动机受到企业社会责任的强烈影响，员工会为企业积极承担社会责任感到骄傲，这样不仅能够有效地提升员工的忠诚度和士气，还能有效地降低员工流失率。企业社会责任有助于吸引更多高素质人才，从而有助于企业获得竞争优势。Waring 和 Lewer（2004）认为机构投资者责任投资的增长会对企业形成一种压力，迫使企业经营者选择更为人性的管理方式。因为机构投资者责任投资的筛选方式中有很多标准与员工有关，企业为了维持在员工方面良好的记录，会积极履行对员工的社会责任。因而，拥有着高素质人力资源团队的企业也会吸引机构投资关注和投资。

（4）企业承担对消费者责任对机构持股的影响

在买方市场日渐形成的体系下，消费者在买卖过程中的地位日益提升，其购买决策直接影响企业的成长过程能否顺利进行。大量学者关注企业社会责任对消费者反应（如品牌评价、购买意向、品牌忠诚等）所产生的影响，并且通过实证证实两者间的正相关关系。Lichtenstein（2004）研究发现企业的社会责任会通过对企业认同和评价对企业绩效产生影响。Luo 和 Bhattacharya（2006）研究发现社会责任强的公司，其消费者的满意度会更高，并指出消费者满意对企业社会责任与企业绩效的影响起中介作用。Biehal 和 Sheinin（2007）认为与已有产品信息相比，企业的社会责任信息更能影响消费者对新产品的产品信念。

企业应该自觉承担起对消费者的社会责任。一方面，企业提供的优良、安全可靠的产品，优质、价格合理的服务，虽然在短时间内会增加成本，但当客户认识到企业产品和服务的改进时，不仅企业的产品销售量和未来收入将增加，而且对客户的关系投资成本将下降。另一方面，企业对顾客负责，通过提供高质量的产品和服务提升顾客满意度、忠诚度，增加顾客的重复购买，不仅大大提升企业声誉和品牌价值，提高市场占有率，更有助于开拓新市场，进而提高企业的经济效应，而且顾客的重复购买也可以降低交易成本。拥有着庞大的消费群体，并且深受消费者信赖的企业自然也会牢牢吸引机构投资者的投资选股。

（5）企业承担对环境的责任对机构持股的影响

环境是企业重要的外部利益相关者。相比较与世界各国而言，中国最大的比较优势是人口众多，最大的劣势是资源不足。现有资源的有限性和我国的环境难以支撑当前这种高消耗、低效率、重污染，以大量的资源和环境投入，换取高增长的经济增长模式。因而我们企业不能只为了追求经济利润，去破坏和浪费本来就有限的社会资源。否则，不久的将来，企业就可能会因为资源匮乏，甚至短缺而导致无法正常经营，更谈不上可持续发展了。因而企业要积极响应国家关于建设"环境友好型社会"的号召，积极地承担对环境的责任，关注环境资源的保护，尽可能最大限度地利用我们有限的资源。这样不仅能确保企业的可持续发展，还能降低企业对环境和社会造成危害的行为会带来负面影响的风险，提升企业的公众形象和声誉，更能给企业带来良好的经济效益。杜邦公司的发展就是一个很好的实例。当他们意识到自己的许多产品对当地环境产生了危害作用时，并不像其他化学公司一样认为是理所当然的，而是着手建立了工业毒物实验室，着手消除这些破坏作用，之后他们又把这项业务发展成不仅能为本公司服务，还能为各种各样的顾客提供服务，至此他们不但消除了企业对环境的破坏，而且还把这种影响转化为企业良好的发展机会。

企业具备着良好的环境责任，在带来良好的经济绩效的同时也会成为机构股东关注的焦点。经理人认为通过宣布自己积极履行企业社会责任以及从事对社会和环境有益的活动，他们将被视为是更加公正、透明，同时其他利益相关者会认为他们不仅是诚实的，而且是能干的。这种消息会影响到对公司治理问题特别关心的股东和投资者。

（6）企业承担其他社会责任对机构持股的影响

企业积极承担对供应商、债权人以及公益事业的社会责任也有利于提高企业的经营绩效，进而吸引投资者选股。企业与供应商之间的竞争性交易关系正在转变为相互信任的战略合作关系。企业积极承担对供应商的责任是投资者关注的焦点，首先，能缩短获得原材料的时间，进而保持较低库存量，降低储存成本和缺货成本。其次，从企业交易费用的角度来看，随着供应商数目的减少，也意味着企业与供应商这一利益相关者之间的交易费用大大降低。再者，企业与供应商保持良好的合作关系，能够降低产品成本，提升产品竞争力。2001 年 2 月 1 日，全球最大的零售商沃尔玛因为没有足够的措施保证其国内及国外供应商遵守基本的劳工标准被美国第一个也是最著名的社会责任投资指数——多米尼 400 社会指数剔除。企业通过信守合同，按时履行还款义务等积极履行对债权人的社会责任，有助于企业获得融资以及降低资金短缺的风险。随着社会的发展，公益慈善事业已经成为了众多企业承担社会责任，回馈社会大众的途径。企业积极支持社会公益事业，不仅可以增加公众对企业的信任感和美誉度，还可以提高企业的社会形象以及增进企业的业绩。因为这一系列活动是一种行之有效的广告宣传形式，可以促进企业产品的销售，有利于提高企业的长期经营绩效。

总之，企业积极承担对各个利益相关者的责任，不仅能改善企业的生存环境，优化劳动关系，还能提高企业的美誉度和满意度，这些直接或间接影响企业绩效的行为也成为了机构投资者投资选股的重要参考标准，影响其投资决策。

5.2.2 机构投资者持股对企业社会责任的影响分析

20 世纪早期，公司存在由于股东分散化而导致的机会主义行为、内部人控制、搭便车等问题，所以机构股东并不参与公司治理。但到了 20 世纪 80 年代，机构投资者开始崛起，以美国为例，其占公司股份的比例由 1950 年的 6.1% 上升到 1997 年的 48%，甚至占有某些公司股权比例的 70%，美国公司从"管理人资本主义"向"投资人资本主义"转化。机构投资者开始积极地参与公司治理，试图在公司经营决策中发挥更大作用。宋渊洋等（2009）通过实证研究发现：机构投资者持股有助于企业业绩改善，这种改善作用与持股比例正相关。著名咨询公司麦肯锡1999—2000年调查报告表明，机构投资者参与公司治理的积极性与其所投资公司的治理结构完善程度以及公司治理总体状况极度相关。企业社会责任的履行很好地反映了公司治理的总体状况。随着企业社会责任与企业绩效的理论与实证研究对上市公司的社会责任履行提供了正当性和必要性。机构投资者也意识到企业社会责任的重要性，并积极影响企业的社会责任。首先，随着机构投资者在股权市场上主体地位的确立和持股集中度的提高、持股规模的增加，虽然不具备控股股东的条件，但是由于在资本市场雄厚的资金优势以及专业、信息优势的凸显，机构投资者有激励（动力）也有能力（权力）来监督和影响企业的社会责任。Demos（2006）研究发现社会责任投资在美国市场上募集到的资金总额约2.3万亿美元资金。这就为这些企业的经理选择履行CSR提供了一个令人信服的理由，公司高管会普遍迎合股东期望，因为不这样做不仅会损害公司市场表现，也会影响到高管报酬。其次，机构投资者可以通过参与投资、退出投资、提出抗议等方式，要求企业自觉承担社会责任，从而获取更大的收益。Lewis等（2000）认为股东选择退出投资的方式，即在任何价位都不购买、或者在市场上卖掉该企业的股票，必然会影响并强迫企业履行社会责任。Sparkes等（2004）则指出机构投资者完全可以凭借自己的经济影响力，积极地用抗议的方式采取股东行动，对企业提出履行社会责任的要求。王长义（2007）也指出机构股东对企业社会责任的影响主要表现在:（1）股东目标的多样化影响企业社会责任;（2）股东结构的变化影响企业社会责任;（3）股东权利的变化影响企业社会责任。下面将具体从影响因素和影响途径等方面来分析机构投资者持股对企业社会责任的影响。

1.影响因素分析

从理论和实践操作两方面看，机构投资者持股在公司治理中以及社会责任建设中发挥作用不仅要受到其所在金融市场等宏观环境的影响，也还要受到公司经营业绩、公司股票特征等微观环境的影响。

（1）宏观环境

1）证券市场发展水平对机构投资者持股作用的影响。和西方发达国家的证券市场相比，中国证券市场还处于起步阶段，尚未成熟。证券由于监管的落后，使得投机和操纵价格的行为在证券市场上十分盛行，投资者的利益保护力度不足。所以在利益驱动下，证券市场发展的不成熟和监管的滞后会影响到机构投资改善公司治理、促进社会责任建设作用的发挥，但是随着证券市场的不断发展和完善，机构投资者参与上市公司治理的动力和能力均在不断提高。

2）法律和制度环境对机构投资者持股作用的影响。中国现行法律和规章制度对机构投资者参与公司治理实行了严格的限制制度，如《证券投资基金运作管理办法》规定：一个基金持有一家上市公司的股票不得超过该基金净值10%，对保险基金入市和社保基金亦有严格的限制。已有研究发现中国所有权结构高度集中，加上基金托管人、股东与基金投资者之间的利益冲突等问题，对中国机构投资者的持股作用产生了负面的影响。因此，相关法律制度的限制会影响机构投资者参与公司治理的能力。

（2）微观环境

1）公司经营绩效。倘若公司经营绩效较好，那么机构投资者参与公司治理和社会责任的热情和投入就更多，发挥的作用也就越大。作为资本市场成熟的、理性的投资者，为了追求投资利润，机构投资者偏好投资经营绩效好的企业，特别是偏好持有每股收益、净资产收益率和每股净资产较高的股票。因为每股收益反映了企业的盈利水平，净资产收益率反映了企业运用自有资本的效率，每股净资产反映所拥有的资产现值。它们值越大，反映了公司的基本面越好，因而这样的股票就具有投资价值。杨德群等（2004）研究发现，基金持股比重与股票的每股收益等具有显著的相关性，这说明每股收益是基金在作出投资决策时看重的财务指标。肖星和王琨（2005）对2000—2003年间的数据的进行分析，发现中国证券投资基金的持股与企业绩效的关系是内生的：基金在选择投资对象时会选择业绩优良的公司；同时基金也起到了促进公司业绩改善的作用。胡倩（2005）考察了2000—2004年历年来基金整体的持股偏好，结果发现基金作为专业投资机构，较为注重上市公司的盈利能力。虽然各年份基金持股偏好有所差异，但是无论哪一年份均有反映上市公司盈利能力的指标与基金持股呈现显著相关关系，这说明基金作为专业理财机构，较为注重对上市公司基本面的研究。

2）公司治理质量。公司治理结构越优良，机构投资者参与公司治理及社会责任发挥的作用则会越大。相对于个人投资者，机构投资者更关注公司治理的质量，他们更倾向于投资治理机制完备的公司。因为在机构投资者看来，高质量的公司治理能够降低公司的运作风险，提高应对危机的能力，并最终为他们带来高额的回报。陈爱军等（2004）对90只基金的调查显示，有97.01%的机构投资者认为公司治理质量是其选择投资公司时考虑的因素。江向才（2004）研究219个机构投资者，发现机构投资者关注公司治理好和信息透明度高的公司。Giannetti和Simonov（2006）的研究证实公司治理状况的好坏在投资者投资选股中占据比较重要的地位。机构认为当管理者持股比例越高，应会致力于使公司利益极大化，因此会增加其投资比例。因为管理者持股比例的提高，可以降低代理关系双方目标不一致的程度，进而减少代理问题。独立董事的专业而且独立性较高，能很好地监督董事会发挥其职能，因而机构投资者偏好持有独立董事比例较大的公司股票。肖星和王琨（2005）研究发现基金注重公司外部董事的比例及董事会成员的专业技术水平，偏好投资治理结构优良的公司。

3）公司股票特征。机构投资者持股的持股比重与企业规模、上市时间等股票特征有着显著相关性，而这些特征又会显著地影响到社会责任履行。Eakins等（1998）对机构投资者的持股比重与股票特征变量间的关系进行研究，考察的特征变量有公司的流动比率、β值、股利虚拟变量等十个变量，结果表明，机构投资者倾向持有股票规模大、流动性强、流动比率高、支付股利以及排名较高的公司，并且机构投资者避免持有各个特征都很极端的股票。Gompers和Metrick（2001）研究发现，机构投资者更乐于持有公司规模大、上市年限长、现金股利和股价高、收益高但波动小的股票。杨德群等（2004）分析了我国机构的持股特征，均通过研究发现，机构的持股比重与股票的每股收益、股票价格、规模、换手率等特征变量具有显著的相关性。

4）公司其他特征。公司的一些其他特征也会显著地影响到机构持股并参与公司治理和社会责任的程度。Falkenstein（2000）研究认为公司的上市年龄越长，由于媒体对其信息披露得越多，那么投资者对其了解得就越多，对挖掘其投资价值时投入的研究成本就会越少，因此机构投资者偏好持有上市年龄长的股票。Bushee 和 Noe（2000）从公司信息披露水平高低研究机构投资者持股公司特征，结果表明公司披露水平排名越高，机构投资者持股比例越高。丁方飞和范丽（2009）利用深交所提供的信息披露质量考评指标进行实证检验，发现信息披露质量与机构投资者持股、持股规模和参与持股家数正相关。"业绩预警"是将预计的企业经营业绩重大变化信息及时向外界发出警示。基金基于审慎投资原则，会考虑上市公司年报中的公司业绩预警状况。2000 年证监会开始要求我国亏损公司发布预亏公告，一方面提高了我国上市公司的透明度，另一方面也是我国市场逐步走向成熟的标志。

2. 影响方式分析

罗栋梁（2008）指出由于机构投资者在公司治理中的特殊地位，使得机构投资者参与公司治理的方式比较多。根据上文关于机构投资者参与公司治理的动因分析和前人的研究结果，机构投资者主要可以通过以下几种方式来影响企业社会责任建设。

（1）投资筛选

机构投资者在进行投资选股时，按照自己尊崇的社会责任标准，根据代理商或行业提供的资料，评价、选择或直接投资企业。机构投资者在确定投资目标时，一方面依照传统的投资程序先从财务可行性角度对候选公司做第一次筛选，另一方面根据企业社会责任情况对候选公司进行第二次评估，所选择的投资对象必须是在机构投资者看来既有盈利能力同时对社会有积极贡献的企业。Angel 和 Rivoli（1997）对 Merton（1987）的不完全信息资本市场均衡模型进行分析，认为经过投资筛选进行的投资是对金融市场的一种细分，这样会使一部分企业被排除在投资组合之外，从而增加被排除企业的资本成本，那么会刺激企业改善其行为。Heinkel 等（2001）通过有效资本市场的均衡模型研究了责任投资对企业行为的影响。他们认为非责任投资者因投资组合的多样化程度降低，要求被投资的企业有更高的收益率，从而增加这些企业的资本成本。据调查统计，2003 年在欧洲，选择目标公司时考查其社会责任的机构投资者的数目已经从 1999 年的 35% 增长到了 2001 年的 62%。

（2）股东对话

一般而言，股东提案是股东行动中较为正式的方式，因而许多企业的管理层在此之前会与投资者进行对话。这种谈话方式与其他公开方式相比，有节约成本、争取时间等优点。那么，在股东与管理层进行初步对话，告知企业管理者关注企业社会责任议题，这称为"邀请参与"。机构股东采取与管理层进行对话，并不需要说服其他投资者采取共同战略，所以备受许多投资者的青睐。事实上，对于机构投资者和管理层而言，这种谈话讨论方式对于类似企业社会责任这种敏感议题上交流时很有效，而且效果能维持很久。随着机构投资者的持股规模日益扩大以及对于公司治理问题的参与程度的加深，机构投资者对企业的影响力也越来越大，企业管理层很难忽视机构投资者的要求。倘若双方没有达成共识，方案就会提交到年度股东大会上进行投票。但是众所周知仅仅是提交代理就足以威胁到公司以股东期望的方式做出改变。所以，问题一般在股东大会召开之前就会被发起人撤销。何况，机构投资者具备专业和信息优势，其一举一动都会引发市场的关注，并且诱发羊群效应。所以机构投资者在与公司管理层讨论改变公司的发展战略或其他重大问题时，还可以充分发挥机构投资者信息披露的羊群效应。

（3）股东提案

机构投资者就关心的问题，向股东大会提出股东提案，向管理层施压。机构投资者发起一份股东提案所受到的限制并不多，因而提交股东提案成为机构投资者使用得较多的一种参与公司治理的方式。股东提案可以要求管理层提供所需信息或要求企业对其行为或政策进行改变。假若方案在此没有得以解决或没有达成协议，那么则会提交到年度股东大会进行投票。股东提案的成功并不是票数多少来衡量的，纵然在只有少量投票的情况下，也能达成机构股东的目标。因为管理层深深地知道股东提案的投票受到多种因素的影响，即使只有一部分投票也意味着所提问题值得去关注和重视。因此，公司收到股东提案的多少反映了公司管理层的管理水平。Guercio 和 Hawkins（1999）通过对活动最积极的 5 个养老金的研究发现，机构投资者提交股东议案后，目标公司会显著地增加公司治理活动，例如资产拍卖或重组。因而，机构投资者的股东提案对公司的管理层形成了一种强有力的监督。而且股东提案的方式比股东与企业私下对话的方式更有优势。首先是因为这种解决方案是严格按照公司治理的程序进行，同时它也是股东的民主活动，所以这种方式具备较高的公正性、公开性和透明度。重要的当然还是它符合政府的政策目标，广大的机构投资者利用他们的自身的地位获得了投票权利。

（4）代理投票

机构投资者为了使股东提案得到较高的关注以及良好的解决方案，不仅仅是需要提交该方案的股东们支持它，当然还需要最大限度地争取那些同样关注这个提案的股东们的支持并对它进行投票。众多的机构投资者可以大力联合起来，广泛地征集代理投票权。因为这种代理投票权的征集，既能保证不能出席大会的股东的行使权益，也可以使得机构投资者通过大量征集投票权增强影响投票结果的能力。广大的机构投资者与其他投资者通过相互联合，在股东大会上对那些关注社会、环境等企业社会责任方面的提案投票表示支持，从而影响企业的行为，促使企业积极履行社会责任。现在，许多机构投资者都在网页上公开他们的代理投票政策，定期公布他们的代理投票信息，使投资者更加清楚他们的操作过程。由此可见，这种征集代理投票权的活动对企业的管理层造成极大的压力，迫使他们采取有效的措施。同时，机构投资者也发挥了积极的监督控制作用，有助于限制代理问题。Kang 和 Shivdasani（1995）发现大机构投资者的存在伴随着管理控制权的改变的增加，这表明机构投资者提供了监控功能。

（5）公开批评

公开批评也是机构投资者积极促进社会责任履行的一个好的方式。机构投资者对于那些在相当长的一段时间内经营不善，或者企业社会责任太差而且已经投资的或由于具备良好发展前景而准备投资的公司，可以通过公开批评的形式，像公司管理层施加压力，迫使其考虑来自投资者的要求，并积极行动，努力改善公司治理结构。机构投资者协会可以定期公布一些社会责任表现较差的公司，向那些不满意的上市公司管理层施加压力，促使其积极地履行社会责任。事实证明，很多被列入黑名单的企业管理层迫于压力都会愿意与机构投资者进行协商，从而积极地解决社会问题。美国的养老基金每年会出版一本业绩差公司的目录，旨在通过媒体的力量来给那些表现不好的企业施压，迫使管理层采取有效的措施来改善企业形象。

5.2.3 企业社会责任与机构投资者持股的关系概念模型

从上面企业社会责任与机构持股关系的关系分析以及前面相关理论和文献回顾的基础上，我们认为企业社会责任履行对机构投资者持股有影响，但是企业社会责任履行影响机构持股比例并不是一个自发的过程，它需要通过一个中介变量。一些学者的研究也证实了这个观点。机构投资者的持股偏好和社会责任组织之间存在正相关关系，这种偏好部分是由于投资的长期绩效。他们认为企业社会责任的履行会增加企业的长期价值，反过来，吸引积极的机构投资者。这些研究的意义是发现了机构投资者积极寻求财务绩效和企业社会责任一种积极联系。机构投资者参与公司治理的目的十分明确，即为完善公司治理以提高公司绩效。随着机构投资者发展崛起，它必然会对公司治理问题做出反应。企业的成长价值以及企业绩效是吸引机构投资者投资选股的条件，而企业社会责任则是影响和改善这些条件的至关重要的因素。企业社会责任的积极履行能提高企业绩效，因而企业社会责任必然也成为机构投资者考虑和关注的对象。同时，机构投资者扩大持股比例和增加持股数量时，随着权利的增加，也必然促进企业社会责任的履行。我们将企业社会责任、企业绩效、机构持股比例这三个变量全部纳入同一个模型，它们之间的关系如图 5-1 所示：

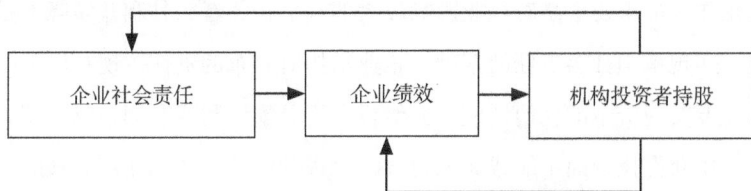

图 5-1 企业社会责任与机构持股关系的概念模型

5.3 企业社会责任与机构投资者持股关系实证研究

5.3.1 研究假设与模型构建

1. 研究假设

本书重点考察企业对政府、股东、债权人、员工以及公益慈善的社会责任，并分别考察企业积极承担各类社会责任对机构持股比例的影响。

国外大多数对政府和企业社会责任的关系研究都表明政府在企业社会责任中扮演新角色的紧迫性。政府为企业提供了包括制定公共规则、改善生态环境等在内的各种公共服务，并对企业财务绩效产生积极影响。具体而言，政府可以通过以下几条途径来影响企业的社会责任。首先，政府通过法律、政策来规范、引导、扶持、培育企业。其次，政府是企业所提供商品和劳务的重要购买者，政府的行为对有些企业的生存和发展起着至关重要的作用。再次，政府可以通过各种各样的补贴对企业的行为产生重大影响。企业积极承担对政府的责任，不仅可以赢得政府的信任和好感，还能为企业争取优惠的政策或减少限制，降低和政府负面关系的风险，从而避免相关的罚款，进而营造出有益于企业发展和企业价值提高至关重要的外部环境。从而与政府有着良好关系的企业必然获得更多的机构投资者的认可和信赖。因此本书有：

（1）假设 H_1：企业积极承担对政府的社会责任有利于机构投资者持股比例的提高

股东作为最重要也是对企业影响较大的利益相关者，其利益实际上是企业或企业家实现承担社会责任的基础。企业承担对股东的责任体现在以下两个方面：首先要实现资本的保值增值，并给投资者分配红利或利润报酬。倘若只想从股东手中获得投资而不愿或无能力分配合理利润的做法，注定会被股东所抛弃。其次是要将企业的财务状况及时、准确地披露给投资者。由于内部人比外部人更具有信息优势，经理人员在缺乏激励和约束机制的情况下常常追求自身利益而偏离所有者要求，仅仅考虑眼前的成绩、地位和利益，不考虑企业的长期发展和企业资产的保值增值,把短期收益建立在牺牲企业长期利益的基础上,给企业带来不利的影响。企业积极履行对股东的社会责任,因而会赢得广大机构投资者的尊重与信任,进而稳定并提高企业的筹资能力和融资水平,从而为企业的经营发展和业绩增长提供持续而稳定的资金基础。因此本书有:

（2）假设 H_2：企业积极承担对投资者的社会责任有利于机构投资者持股比例提高

企业信守合同，按时履行还款义务，使债权人的债权风险最小，甚至为零等积极承担对债权人的社会责任行为，一方面在企业经营发展过程中会大大提高企业的信用程度，增加企业的融资能力，另一方面倘若企业在经营中出现困境，面临资金紧缺和周转不灵等问题时，也会有更多的银行等金融机构愿意为企业提供资金。因而企业积极承担对债权人的社会责任，相比较其他企业而言，具备良好的发展能力和应对风险能力。因此本书有：

（3）假设 H_3：企业积极承担对债权人的社会责任有利于对机构投资者持股比例提高

企业的人力资源状况对其获得竞争优势具有决定性的作用，高效的雇员管理对提高企业人力资源素质和改善企业绩效具有显著影响。哈德森（2004）对美国企业员工的一项调查显示：相信"本公司是一家负责任企业"的员工忠诚度，是那些认为"本企业没有承担社会责任"的员工的六倍。刘昕和林南山（2006）也发现员工的忠诚度和工作动机受到企业社会责任的强烈影响。Waring 和 Lewer（2004）认为机构投资者责任投资的增长会对企业形成一种压力，迫使企业经营者选择更为人性的管理方式。因为他们认为机构投资者责任投资的筛选方式中有很多标准与员工有关，企业为了维持在员工方面良好的记录，会积极履行企业对员工的社会责任。因此本书有：

（4）假设 H_4：企业积极承担对员工的社会责任有利于对机构投资者持股比例提高

一个企业的发展离不开社会发展，没有社会发展就没有企业发展。目前，不少企业或企业家在企业发展壮大的同时，均意识到了要回报社会大众，公益慈善事业已经成为了许多企业承担社会责任、回报社会的途径。企业积极支持社会公益事业，不仅可以改善自己的竞争环境，提升公众对企业的信任感和美誉度，从而获得更多的社会支持，更有利于增进企业的绩效。企业积极承担对社会公益慈善的责任也成为了投资者关注的焦点。因此本书有：

（5）假设 H_5：企业积极承担对公益慈善社会责任有利于对机构投资者持股比例提高

Petersen 等（2009）就社会责任是否成为机构投资者做投资决策时的影响因素以及在何种程度上的企业行为影响他们的投资决策进行实证研究，发现具体社会责任性质的实践活动会使机构投资者不仅决定投资，而且决定是否持有或出售股份。Cullis 等（1992）认为有社会责任好的企业向投资者传递着一种积极正面"信号"，他们公司具有可持续发展的前景，而且有高质量的管理。越来越多的机构投资者感兴趣于企业社会责任的履行带来的令人满意的投资回报。而且机构投资者有激励（动力）也有能力（权力）来监督和影响公司管理层的行为。Lewis 和 Mackenzie（2000）认为股东选择退出投资的方式，即决定在任何价位都不购买，或者在市场上卖掉该企业股票，必然会影响企业，强迫企业履行社会责任。因此本书有：

（6）假设 H_6：机构投资者持股比例的提高会促进企业积极履行社会责任

2.模型构建

为得出企业社会责任与机构投资者持股的统计关系，可以建立两者的多元线性回归模型。多元线性回归的主要任务包括：①根据因变量与多个自变量的实际值来建立多元线性回归方程；②检验、分析各个自变量对因变量的综合线性影响的显著性；③检验、分析各个自变量对因变量的单纯线性影响的显著性等。本书的研究模型包括四个回归方程，首先是机构持股对企业社会责任的回归方程以及企业社会责任对机构持股的回归方程。其次，本书认为企业绩效在企业社会责任与机构投资者持股之间存在中介效应，因而设计了企业社会责任对企业绩效的回归方程、企业绩效对机构投资者持股的回归方程，以及考察企业绩效的传导效应。因此，本书建立的线性回归模型如下：

（1）企业社会责任对企业绩效的回归方程

$$Performance = f(CSR_1, CSR_2, CSR_3, CSR_4, CSR_5, CONT) \qquad （5-1）$$

当中，$Performance$ 表示因变量（公司绩效），$CSR_1, CSR_2, CSR_3, CSR_4, CSR_5$ 分别为企业对政府责任、对股东责任、对员工责任、对债权人责任、对公益慈善责任变量，$CONT$ 代表控制变量（企业规模、所属产业等）。

（2）企业绩效对机构投资者持股的回归方程

$$IIS = f(Performance, CONT) \qquad （5-2）$$

当中，IIS 表示机构持股比例，$Performance$ 表示因变量（公司绩效），$CONT$ 代表控制变量（上市时长、企业规模、所属产业等）。

（3）企业社会责任对机构投资者持股的回归方程

$$IIS = f(CSR_1, CSR_2, CSR_3, CSR_4, CSR_5, CONT) \qquad （5-3）$$

其中，IIS 表示机构持股比例，CSR_1 等为分别为企业社会责任变量，$CONT$ 代表控制变量（企业绩效、上市时长、企业规模、所属产业等）。

（4）机构投资者持股对企业社会责任的回归方程

$$CSR = f(IIS, CONT) \qquad （5-4）$$

其中，CSR 表示企业社会责任的总体状况，IIS 表示自变量机构持股比例，$CONT$ 代表控制变量（上市时长、企业规模、所属产业等）。

5.3.2　研究变量设计

不同指标的选择可能对研究的结果产生不同的影响。本书将对企业社会责任的衡量指标和机构投资者持股的衡量指标及控制变量等进行分析，以便选择恰当的指标，更好地揭示出企业社会责任与机构投资者持股之间的辩证关系。

1.企业社会责任指标体系的设计

如前文所述，国外理论界和实务界早就开始研究如何衡量企业社会责任，例如声誉指数法、内容分析法，KLD 指数等。我国因为缺少国外研究所使用的类似 KLD 社会资料库中的数据而难以量化企业的社会责任。但是鉴于企业社会责任信息可以分为会计基础型和非会计基础型，前者可以在报表内披露，后者主要用文字定性反映的内容。根据利益相关者的理论可知，企业社会责任主要对象是政府、股东、员工和债权人等，这些责任中有很大一部分属于会计基础型信息，可以在财务报表中以正式的会计信息来反映。所以，本书主要关注的就是可以在财务报表内能作正式会计项目反映的利益相关者的社会责任，从财务角度建立一套社会责任指标体系。

由于目前财务报告所披露的社会责任信息有限，有些企业在其年报中对于环境、供应商以及消费者责任方面的信息披露不完整，为了便于样本公司作比较分析，因而本书所选用的社会责任方面没有包括企业对环境、供应商以及消费者三个利益相关者的信息。我们在参考樊行健和颜剩勇（2004）、沈洪涛（2005）、张文贤（2006）、唐小兰（2006）、周佳（2008）、方苑（2008）、何静谊（2009）等人的评价方法基础上，从财务报表中选取能反映企业对政府、股东、员工、债权人和公益慈善方面责任状况的财务数据，选用的评价指标如表5-1所示。

（1）政府

企业对政府的责任主要是按时按量地缴纳税款以及提供更多的就业岗位。其中，资产税费率指标可以反映企业对国家相关税收法律法规的遵守情况，衡量企业对政府的税收贡献程度，该比率越高，说明公司通过税收方式对政府做出的贡献程度越大。在就业问题日趋严峻时，企业解决就业人数的多少也反映出了对政府的贡献程度。

（2）股东

考虑到股东责任为自变量的影响因素之一，为了尽量避免主观因素的影响，所以并没有选用常用的经营绩效来反映企业对股东责任。本书选取了资本保值增值率和股利支付率来反映企业对股东的责任。资本保值增值率反映了投资者投入企业资本的保全性和增长性。该指标越高，企业的资本保全状况越好，公司满足股东获利目标的程度越高，对股东利益的保障程度越高。股利支付率反映企业股利分配政策和支付能力。股利支付率越高，对股东和潜在的投资者吸引力越大，就越有利于建立良好的公司信誉。

（3）员工

员工对企业付出劳动和技能，企业就要支付给员工的工资。员工年人均所得反映了企业支付给员工的工资和福利水平。员工劳动生产率反映企业对社会劳动资源的利用水平和企业劳动者素质的高低，间接反映企业对劳动者素质提高的社会责任。该值越大，表明企业有效利用了劳动力资源和对劳动者素质。

（4）债权人

企业主要通过及时偿还的债权人的利息来履行责任。速动比率是衡量企业流动资产中可以立即变现用于偿还流动负债的能力，值越大，表明公司偿还流动负债的能力就越强，债权人在公司的投资越有保障。为了保持全书数据的一致性，以及便于实证研究中因子选取，我们采用资产负债率的倒数（本书将其命名为资产负债比）来衡量企业对债权人责任履行状况。资产负债比是衡量公司偿还负债能力和经营风险能力。

（5）公益慈善

企业对社会公众的慈善事业具有重要作用。企业对公益慈善的捐赠和支出是企业社会责任的一种表现。捐赠收入比指标值越大越好，是企业为灾难、社区建设、希望工程和困难人群的公益捐款与企业收入的比值，可以反映企业对社会公众责任。

表 5-1 企业社会责任评价指标体系

利益相关者	评价指标	符号	备注
政府	上缴的税费净额	X_1	X_1= 支付的各项税费 – 收到的税费返还
	资产税费率	X_2	X_2= 上缴的各项税费总额 / 总资产 *100%
	就业人数	X_3	X_3= 公司员工总数
股东	单位资本保值增值率	X_4	X_4=（期末股东权益 / 期末股本净额）/（期初股东权益 / 期初股本净额）
	股利支付率	X_5	X_5= 每股股利 / 每股收益
员工	员工年人均所得	X_6	X_6= 支付给员工以及为员工支付的现金 /X3
	员工劳动生产率	X_7	X_7= 主营业务收入 /X3
债权人	速动比率	X_8	X_8=（流动资产 – 存货）/ 流动负债
	资产负债比	X_9	X_9= 资产总额 / 负债总额
	利息支付率	X_{10}	X_{10}= 利息支出额 / 主营业务收入
公益慈善	捐赠和赞助	X_{11}	X_{11}= 来源于合并报表附注或企业责任报告
	捐赠收入比	X_{12}	X_{12}= 捐赠赞助总额 / 主营业务收入

2. 机构投资者持股变量的选取

在本书的研究中，选取机构投资者持股的比例（IIS）作为衡量机构股东参与企业社会责任的能力与程度。我们希望通过本书的研究能够找到我国企业社会责任影响机构投资者持股的以及机构投资者投资决策影响企业社会责任的直接证据。但是目前我国机构投资者很少参与董事会，本书最终选择机构投资者持股比例作为代表。本书使用的数据是上市公司截止 2009 年 12 月 31 日的 QFII 持股占总股份的比例。

3. 控制变量及其度量

本书所要研究的是企业社会责任与机构持股比例之间的关系，然而很多其他因素可能对这两者之间的关系产生影响，在进行研究分析时，我们选择企业业绩、企业规模、上市时长、产业因素作为控制变量（如表 5-2）。

表 5-2 控制变量定义表

变量名称	变量符号	变量定义
企业规模	SIZE	LN（总资产）
每股收益	EPS	净利润/普通股总数
净资产收益率	ROE	净利润/净资产
上市时长	List-time	企业上市的时长
产业	Industry	分为第一、二、三产业

（1）企业规模

在企业履行社会责任过程中，企业规模扮演着重要角色，因为较大规模的企业所受社会关注力相对较多，所以使其必须承担较多的社会责任。当然企业也只具备较大规模才会有更多的关注利益相关者，也才更有能力履行企业社会责任。Fombrtm 和 Shanley 研究亦发现，规模较大的企业，其所拥有的企业社会责任名声指数亦愈高。

（2）企业业绩

企业只有拥有较好的业绩，才会更有能力履行社会责任，才会考虑企业的可持续发展。本书采用战略管理文献中常用的每股收益和净资产收益率作为度量企业绩效的变量。每股收益是衡量企业盈利能力最重要的财务指标，能最直观地体现股票获利能力，更是投资者最关注、对其投资决策产生重大影响的指标。它会较少受到企业所在行业和规模的限制。在分析时，可以进行企业间或者同一企业不同时期的比较，以评价该公司相对的盈利能力。净资产收益率是一个综合性极强、最具代表性的财务指标，能反映公司经营活动的最终成果和股东投入资金的获利能力，体现了公司价值最大化的目标追求。

（3）上市时间

一个公司的上市时间越长，就说明这个公司越经得起市场的考验。一旦公司上市年龄越长，其信息披露的就越多，投资者在挖掘其投资价值时投入的研究成本就会越少，因而机构会选择持有上市年龄较长的股票。

（4）产业

我们运用了三级变量来控制可能的行业影响，其中，1代表第一产业，2代表第二产业，3代表第三产业。

5.3.3 样本选择与数据来源

1. 样本选择

QFII更趋向从公司基本面的角度理性选股与投资，不但会对上市公司进行价值评估，而且将长期关注其投资组合内各公司的治理状况，并对其产生潜在影响。因而为更好地适应理论的验证，本书的实证部分选取的机构投资者类型为QFII，并选取了2009年年报中QFII持股比例在0.5%以上的上市公司为研究对象。为保证数据的有效性，消除异常样本对结论的影响，我们按以下标准对原始样本进行筛选：（1）为避免新股的影响，剔除了2008年12月31日后上市的6家公司；（2）为避免A股与B股之间的差异，样本只考虑那些发行A股的公司，为此剔除6家B股的上市公司。（3）考虑到数据的极端值对结果的影响，我们剔除了业绩过差的ST、PT的6家上市公司样本。（4）由于目前我国上市公司年报中所统计和披露的员工人数的标准不一致，为了保持统计数据的一致性，本书所采用的数据均以合并公司为基础，我们还删除了样本公司中员工人数明显不合理的1家上市公司。

按照以上关于样本的选取要求，最后从初始数据集为 172 家的上市公司中选取了 153 家上市公司 2009 年的年报数据进行本章的实证研究。

2. 数据来源

由于我国目前既没有规定上市公司提供专门的企业社会责任报告，也没有独立的机构或部门对企业社会责任进行全面的信息统计和分析，本书将使用上市公司年报作为获取社会责任数据来源。主要是因为：①我国的社会责任信息的在年报中披露最为集中。②上市公司的年报是按照特定的规定、格式、和时间要求公开披露的，相比较于新闻发布会、广告、宣传册子和其他媒体的报道等途径，获得的数据可信度更高。③诸多学者的研究也为选择年报作为分析对象提供了支持。Gray 等（1995）指出年度报告是企业定期披露的重要官方和法律文件。Neu 等（1998）也指出年度报告是投资者、债权人、员工、环境组织和政府获取公司信息的主要渠道。

本书所用的企业社会责任数据来自巨潮网（www.cninfo.com.cn）、上市公司资讯网站（www.cnlist.com），以及金融界网站（www.jrj.com.cn）、天软金融分析数据库等公布的各上市公司年报以及公开发行的社会责任报告等刊物。QFII 持股比例数据来源于东方财富网（data.eastmoney.com）。为了保证这些数据的可靠性，笔者对各种媒体的数据进行了抽样核对，对不一致的地方作了进一步的核实。

5.3.4 实证分析

本书将根据研究内容和研究假设，运用 Excel 和 SPSS13.0 等统计分析软件对样本数据进行分析，主要采用描述统计分析、因子分析、一元回归分析和多元回归分析等方法。

1. 描述统计分析

本书根据中国证券监督管理委员会发布的上市公司行业分类指引对选取的样本公司类型进行简单的统计分析，按照一类代码进行分类，153 家样本上市公司所属的行业和产业分别如下表 5-3 和 5-4 所示。从表中可以看出，样本公司属于制造业的比例高达 69.28%，属于第二产业的比例也高达 73.2%。因为中国以制造业为代表的第二产业，最早受到企业社会责任浪潮的冲击。随着企业社会责任国际标准（SA8000）的实施，50% 以上的跨国公司和外资企业重新与中国制造企业签订采购合同，这意味着我国出口的服装、玩具、家具、运动器材及日用五金等产品必须要接受 SA8000 标准审核。有的企业因为表现良好获得了更多订单，部分企业因为没有改善的诚意而被取消了供应商的资格。因而以制造业为代表的第二产业由于规范性和发展性也受到了 QFII 更多的关注和投资。QFII 持股的样本公司中，以金融、保险为代表的第三产业的比例也达到了 26.8%。因而可以看出，QFII 不仅偏好持股于公司治理结构相对完善、盈利能力和成长能力较好的公司，而且愿意持股于具有比较优势和中国特色的上市公司。

表 5-3　样本公司所属行业分类表

行业	频率（家）	百分比（%）	累计百分比（%）
农、林、牧、渔业	5	3.27	3.27
采掘业	5	3.27	6.54
制造业	96	62.75	69.28
电力、煤气及水的生产供应	3	1.96	71.24
建筑业	3	1.96	73.2
交通运输、仓储业	4	2.61	75.82
信息技术业	9	5.88	81.7
批发零售贸易	10	6.54	88.24
金融、保险业	5	3.27	91.51
房地产业	6	3.92	95.43
社会服务业	7	4.58	100.00
传播与文化产业	0	0	100.00
综合类	0	0	100.00

表 5-4 样本公司所属产业分类表

产业	频率（家）	百分比（%）	累计百分比（%）
第一产业	5	3.20	3.20
第二产业	107	70.00	73.20
第三产业	41	26.80	100.00

另外，我们还对样本公司的各类社会责任指标以及 QFII 的持股比例共十三个指标值进行了最大值、最小值、均值和标准偏差的描述（表 5-5）。从描述统计结果可以看出，153 个样本中，样本公司中上缴的税费净额平均为50307.9 万元，资产税费率平均为 6.164%，解决的就业人数为 7955，三者的最小值与最大值波动非常大，说明不同公司对政府所履行的社会责任差距是非常大的。在对股东的社会责任方面，单位资本保值增值率平均为 113.63%，每股股利平均为每股收益的为 0.30%；样本企业员工年人均所得平均为 41578 元，高于中国 2009 年年人均收入；员工年劳动生产率平均为 2118059 元；利息支出额占主营业务收入的平均比例为 0.049%；捐赠收入比均值为 0.0807%，同时标准差仅为 0.121%，说明我国的上市公司总体上来讲对于公益慈善方面的履行状况不是很好。

表 5-5 样本公司各个指标的描述性统计

指标	最小值	最大值	平均数	标准差
上缴的税费净额（万元）	−226837.1	1478700.0	50307.996	153525.240
资产税费率（%）	.29	112.45	6.164	12.15
就业人数（人）	69	107831	7955.52	15352.06
单位资本保值增值率（%）	45.84	281.46	113.63	33.45
股利支付率（%）	−.40	3.33	.30	.38
员工年人均所得（元/人）	2097.50	238242.02	41578.78	42404.367
员工劳动生产率（元/人）	73964.91	104253897.28	2118059.52	8630283.18
速动比例	.092	10.41	.998	1.024
资产负债比	1.036	9.183	2.280	1.172
利息支付率（%）	−.02	1.72	.0496	.0528

（续表）

指标	最小值	最大值	平均数	标准差
捐赠总额	.00	55000000	1568977.89	5699510.66
捐赠收入比（%）	.000	.495	.0807	.121
QFII 占总股本比例（%）	.1	18.6	1.248	1.92

2. 企业社会责任的因子分析

（1）因子分析法

因子分析是以少数几个因子来描述许多指标或因素之间的联系，并且保证信息损失最小和因子间不具有显著相关性的多元统计分析方法。因子分析主要通过以下几个步骤：

1）因子提取，确定能够解释观察变量之间相关关系的最少因子个数。提取因子的方法有很多，其中最常用的是主成分分析法、主轴因子法等，然后通过特征值大小或者因子的累计方差贡献率来确定因子数量，一般选取特征值大于 1 或者累计方差贡献率在 70% 以上的因子；

2）因子旋转，使因子变量更具有解释性；

3）计算因子变量的得分。

另外，因子分析前必须衡量待分析的若干变量是否适合于因子分析，方法主要有 :KMO 和 Bartlett 球形检验等诸多检验方法。若在对样本进行检验后，发现检验结果 KMO 的值大于 0.5，即可拒绝 Bartlett 球度检验的零假设，说明各变量之间相关性显著，适合用因子分析。由于本书的社会责任各个指标具有不同的量纲，为了使具备不同含义和不同量纲的指标之间具备可比性，因而在因子分析前需对数据进行标准化处理。数据经过标准化处理（ $z = (x - \bar{x})/\delta$ ，其中 $\bar{x}$ 为 x 的均值，δ 为 x 的标准差）之后，并不会改变变量之间的相关系数。本书后面的讨论均采用标准化变量。

本书进行因子分析的目的是分析社会责任的指标并得到因子作为变量，计算因子值，根据因子值和方差贡献率得出的综合得分作为企业社会责任的履行总体状况的评价，然后对样本进行分析。

（2）企业社会责任的因子分析过程

对企业社会责任各变量进行因子分析,结果如表5-6显示,KMO值为0.724,Bartlett球形检验给出相伴概率为0.000。KMO值在0.6表示合适,0.7表示较好,0.8以上表示很好。Bartlett球形检验结果为P=0.000（该数据小于0.05时，拒绝统计最相关矩阵为单位矩阵的假设，即认为适合做因子分析）。根据检验结果可知，我们发现企业社会责任变量适合因子分析，同时也验证变量中指标分类具有合理性。

表 5-6 KMO 和球形 Bartlett's 检验

取样足够度的 Kaiser-Meyer-Olkin	度量	724
Bartlett 的球形检验	近似卡方值	1054.906
	自由度	78
	显著水平	.000

我们根据原始特征值大于1的原则提取公共因子，从表5-7可知，共提取5个因子，特征值依次为3.046，2.020，1.553，1.398以及1.006，其累计解释方差为75.187%，较好地反映了原始变量所包含的信息。

表 5-7 因子分析的总方差解释

成分	初始特征值			提取后的因子解			旋转后的因子解		
	特征值	贡献率	累计贡献率	特征值	贡献率	累计贡献率	特征值	贡献率	累计贡献率
1	3.046	25.384	25.384	3.046	25.384	25.384	2.563	21.359	21.359
2	2.020	16.837	42.221	2.020	16.837	42.221	1.925	16.045	37.403
3	1.553	12.938	55.159	1.553	12.938	55.159	1.574	13.113	50.516
4	1.398	11.646	66.805	1.398	11.646	66.805	1.493	12.445	62.961
5	1.006	8.382	75.187	1.006	8.382	75.187	1.467	12.226	75.187
6	.704	5.867	81.054						
7	.626	5.214	86.267						
8	.554	4.616	90.883						
9	.456	3.801	94.685						
10	.320	2.665	97.350						
11	.263	2.189	99.538						
12	.055	.462	100.000						

为了使主因子更好的具备可解释性，我们对相关系数矩阵进行方差极大化旋转。从旋转后的因子载荷矩阵（表 5–8）可以看出，变量 X_1，X_2，X_3 在因子 1 上具有较大的载荷，其中 X_1，X_2，X_3 分别为指标上缴的税费净额、资产税费率、就业人数，因而将因子 1 命名为企业对政府的社会责任。企业对政府的社会责任因子贡献率最大，达到 21.359%，是社会责任的主要方面。因子 2 可以命名为企业对债权人的责任，X_8，X_9，X_{10} 在因子 2 上具有较大的负荷，分别涉及的是速动比率、资产负债比、利息支付率。因子 3 选取单位资本保值增值率 X_4 和股利支付率 X_5 作为被解释的指标，因此因子 3 命名为企业对股东的社会责任因子。而员工年人均所得 X_6 和员工劳动生产率流动比率 X_7 在因子 4 上的载荷量较大，因而将因子 4 命名为企业对员工的责任因子。而捐赠总额 X_{11} 和捐赠收入比 X_{12} 可命名为企业对公益慈善的贡献因子。将以上因子命名的结果以及旋转后的因子载荷量，特征值等整理为表 5–9。

表 5–8　旋转后的因子载荷矩阵

指标	因子				
	1	2	3	4	5
上缴的税费净额（万 / 元）	.956	−.062	.045	.058	.107
资产税费率（%）	.924	−.036	−.021	.083	.107
就业人数（人）	.771	−.134	.028	−.106	.242
速动比例	−.044	.829	.191	−.067	−.046
利息支付率	−.032	.774	−.041	.031	−.040
资产负债比	−.131	.756	−.048	−.105	.148
单位资本保值增值率（%）	.053	.104	.878	−.044	−.040
股利支付率	−.007	−.031	.858	−.013	.011
员工劳动生产率（元 / 人）	−.083	−.051	.025	.851	.027
员工年人均所得（元 / 人）	.122	−.059	−.085	.849	−.057
捐赠收入比（%）	.103	.131	−.092	−.071	.870
捐赠总额	.382	−.097	.081	.059	.773

注：提取方法：主成分分析法；旋转方法：方差最大正交旋转法

表 5-9 企业社会责任的因子分析结果

因子名称	操作指标	旋转后因子载荷量	特征值	累计方差贡献率
因子 1 （企业对政府 的社会责任）	上缴的税费净额 X_1 资产税费率 X_2 就业人数 X_3	0.956 0.924 0.771	2.563	21.359
因子 2 （企业对债权 人社会责任）	速动比例 X_8 资产负债比 X_9 利息支付率 X_{10}	0.829 0.756 0.774	1.925	37.403
因子 3 （企业对股东 的社会责任）	单位资本保值增值 X_4 股利支付率 X_5	0.878 0.858	1.574	50.516
因子 4 （企业对员工 的社会责任）	员工年人均所得 X_6 员工劳动生产率 X_7	0.851 0.849	1.493	62.961
因子 5 （企业对公益 慈善的责任）	捐赠和赞助 X_{11} 捐赠收入比 X_{12}	0.870 0.773	1.467	75.187

通过 SPSS 计算出来的因子得分作为样本企业在五个因子上的评分，然后根据旋转后的各因子的方差贡献率与这五个因子累计的方差贡献率之比分别作为各个因子的权重（如表 5-10），对五个因子得分进行加权汇总，得到样本企业社会责任的因子总得分（如公式 5-5）。样本企业对政府、债权人、股东、员工、以及公益慈善的社会责任方面的因子得分以及社会责任的总得分见附录 D。

表 5-10 各个因子权重系数表

第 j 个因子	1	2	3	4	5	合计
主成分权重	0.284	0.213	0.174	0.166	0.163	1.000

据此样本企业社会责任的因子总得分为：

$$S_i = \sum_{j=1}^{5} w_j U_{ij} \tag{5-5}$$

$$= 0.284U_{i1} + 0.213U_{i2} + 0.174U_{i3} + 0.166U_{i4} + 0.163U_{i5}$$

其中 w_j 为权重，U_{ij} 为因子得分。

3. 企业社会责任与机构投资者持股关系回归分析

本书选取企业社会责任履行是否会对机构投资者持股产生影响，以及如何影响作为研究重点，通过对样本企业数据进行回归来分析了这种影响以及探讨了企业绩效的中介作用。

（1）企业社会责任对机构持股的影响

利用多元回归分析方法分析企业社会责任的各个构面与机构投资者持股的关系，得出各个构面对机构持股比例的影响是正向或负向及其影响的显著程度，并且根据标准回归系数的可比性得出各指标对机构持股比例的影响重要程度。以机构持股比例作为因变量 y，以企业社会责任的各个变量作为自变量，以企业绩效、企业规模、上市时长、产业作为控制变量进行多元线性回归，结果如表 5-11 所示。

表 5-11　企业社会责任对机构持股比例影响

模型		因变量（机构持股比例）				
		系数	标准误差	标准化系数	T 检验值	显著性检验值
自变量	常数项	5.449	2.641		2.064	.041
	对政府社会责任	1.016	.187	.531	5.432	.000（***）
	对债权人社会责任	.249	.137	.119	1.817	.071（*）
	对股东社会责任	.536	.150	.247	3.576	.000（***）
	对员工社会责任	.239	.102	.145	2.337	.021（**）
	对公益慈善责任	–.138	.106	–.072	–1.299	.196
控制变量	每股收益	.309	.372	.076	.831	.407
	净资产收益率	–.004	.017	–.018	–.208	.835
	企业规模	–.192	.123	–.149	–1.559	.121
	上市时长	–.021	.025	–.048	–.823	.412
	产业	.094	.256	.021	.367	.714
	调整后 R^2	0.570				
	F- 值	21.156（***）				

注：样本数 N=153.*p < 0.10,**p < 0.05,***p < 0.01; 双尾检验

由分析结果可以看出，调整后的判定系数 R^2 =0.570，F 值为 21.156，说明拟合优度较好，相伴概率值 P=0.000 < 0.001，回归系数与 0 有显著差别，说明回归方程有意义。线性回归方程表达式为：

$$y_3 = 5.449 + 1.016x_1 + 0.249x_2 + 0.536x_3 + 0.239x_4 - 0.138x_5 \quad （5-6）$$

从表 5-11 及回归方程可知，企业社会责任各变量对机构投资者持股的影响关系如下：

1）企业对政府社会责任对机构持股有显著的正向影响；

2）企业对债权人社会责任对机构持股有显著的正向影响；

3）企业对股东社会责任对机构持股有显著的正向影响；

4）企业对员工社会责任对机构持股有显著的正向影响；

5）企业对公益慈善社会责任对机构持股呈现出弱负向影响。

假设 H_1、H_2、H_3、H_4 在实证检验结果中得到支持，假设 H_5 没有得到支持。其中企业积极承担政府社会责任对机构持股的影响力最强（$\beta =$ 1.016，t=5.432，$p < 0.001$）；其次为企业积极承担股东的社会责任（$\beta =$ 0.536，t=3.576，$p < 0.001$）和企业积极承担债权人的社会责任（$\beta = 0.249$，t=1.817，$p < 0.072$）；再次为企业对员工的社会责任（$\beta = 0.239$，t=2.337，$p < 0.022$）。

（2）企业社会责任对企业绩效的影响

本书通过分别进行企业社会责任对企业绩效 ROE 和 EPS 的一元回归分析。从表 5-12 回归结果可知，企业社会责任的履行对企业绩效的提升有正向影响，且企业社会责任对两种绩效指标的影响程度稍有不同，其中社会责任变量对 ROE 的影响力（$\beta = 0.254$，t=2.773，$p < 0.001$），社会责任变量对 EPS 的影响力（$\beta = 0.192$，t=2.164，$p < 0.032$）。

表 5-12 企业社会责任对企业绩效影响

模型		因变量（企业绩效）					
		净资产收益率（ROE）			每股收益（EPS）		
		标准化系数	T 检验值	显著性检验值	标准化系数	T 检验值	显著性检验值
自变量	常数项		2.398	.018		−1.470	.144
	企业社会责任	.254	2.773	.006	.192	2.164	.032
控制变量	企业规模	−.159	−1.737	.085	.195	2.207	.029
	产业	−.029	.347	.729	−.004	−.045	.965
	调整后 R^2	0.132			0.191		
	F- 值	4.291（***）			6.143（***）		

注：样本数 N=153.*p＜0.10,**p＜0.05,***p＜0.01; 双尾检验

（3）企业绩效对机构持股比例的影响

本书通过企业绩效 ROE 和 EPS 对机构持股的两个回归模型发现，两者对机构持股比例的影响程度不同，ROE 对机构持股比例的影响效应比 EPS 的影响效应更强烈（前者 F 值为 10.440 ＞后者 F 值 9.967）。但是回归结果均表明了企业绩效的提升对机构持股决策有正向影响（如表 5-13 所示）。

表 5-13 企业绩效对机构持股比例影响

模型		因变量（机构持股比例）					
		净资产收益率（ROE）			每股收益（EPS）		
		标准化归系数	T 检验值	显著性检验值	标准化系数	T 检验值	显著性检验值
自变量	常数项		−4.611	.000		−3.981	.000
	企业绩效	.153	2.058	.041（**）	.130	1.649	.101
控制变量	上市时长	−.163	−2.207	.029	−.157	−2.080	.039
	企业规模	.381	5.110	.000	.336	4.325	.000
	产业	.076	1.014	.312	.088	1.178	.241
	调整后 R^2	0.199			0.191		
	F- 值	10.440（***）			9.967（***）		

注：样本数 N=153.*p＜0.10,**p＜0.05,***p＜0.01; 双尾检验

（4）企业绩效在企业社会责任与机构持股比例之间的中介作用分析

通过对企业社会责任、企业绩效与机构持股比例进行回归分析，结果表明企业社会责任对企业绩效有正向影响；企业绩效的提升对机构持股比例的提高有正向影响；企业对政府、股东、债权人、员工的社会责任对机构持股有显著的影响。以上的回归分析只涉及两两之间，忽视了另一个变量的影响作用。为更全面地考察企业社会责任对机构投资决策的影响，将对企业绩效在社会责任对机构持股影响过程的中介作用进行分析。本书采用温忠麟等提出的中介效应检验程序来检验企业绩效的中介效应，具体步骤如下图（图5-2）。

考察企业绩效指标 EPS 的中介效应时，根据上述回归分析发现标准回归系数 a 与 c 均显著，而 b 不显著，则需采用 Soble 检验。检验的统计量为 $z = \hat{a}\hat{b}/s_{ab}$ ，其中 $\hat{a}$，$\hat{b}$ 分别是 a，b 的估计，$S_{ab} = \sqrt{(\hat{a}^2 s_b^2 + \hat{b}^2 s_a^2)}$，$s_a$，$s_b$ 分别是 $\hat{a}$ 与 $\hat{b}$ 的标准误差。数据显示 $a = -0.341, s_a = 0.060, b = 0.130, s_b = 0.318$，得到统计检验量 $z = -0.93$，小于1.96，Sobel $- z$ 检验不显著，说明 EPS 在企业社会责任与机构持股比例之间的中介效应不显著。考察公司绩效指标 ROE 的中介效应时，根据上述回归分析发现标准回归系数 a、b、c 均显著，说明 ROE 在在企业社会责任与机构持股比例之间的中介效应显著。通过分析可知，企业绩效 ROE 变量在企业社会责任与机构投资者持股比例之间的中介效应显著。

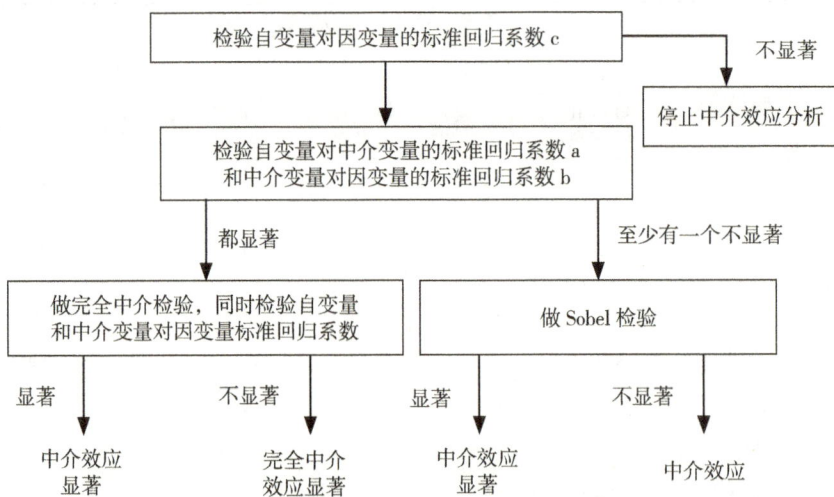

图 5-2　中介效应检验程序

（5）机构持股比例对企业社会责任的影响

以机构持股比例作为自变量，以企业社会责任的整体水平作为因变量，进行回归分析，结果如表 5-14 所示。得到调整后的判定系数 R^2 为 0.271，F- 值为 15.147，相伴概率值为 P < 0.000，说明回归方程有意义。机构持股比例提高对企业社会责任的履行有正向的促进作用，假设 H_6 得到了检验。

表 5-14　机构持股比例对企业社会责任影响

模型		系数	标准误差	标准化系数	T 检验值	显著性检验值
自变量	常数项	−2.729	.518		−5.269	.000
	QFII 占总股本比例	.045	.019	.187	2.423	.017（＊＊）
控制变量	企业规模	.115	.024	.370	4.837	.000
	上市时长	−.012	.007	−.119	−1.675	.096
	产业	.113	.066	.122	1.709	.090
	调整后 R^2	0.271				
	F- 值	15.147（＊＊＊）				

注：样本数 N = 153,*p < 0.10,**p < 0.05,***p < 0.01; 双尾检验

5.3.5 结果分析与管理建议

1. 结果分析

本章不仅单纯研究企业社会责任各个构面对机构投资者的影响，而且研究了机构投资者持股对企业社会责任的影响，并对企业绩效这一中介效应进行分析。

（1）企业积极承担社会责任正向影响机构投资者持股比例

表 5-11 的回归结果表明，企业积极承担社会责任对机构投资者持股的影响是正向的，体现在资本市场上，即市场投资者在做投资决策时在对企业的社会责任信息给予了正向的关注。具体为：

1）假设 H_1 认为企业对政府的社会责任对机构持股比例的影响在 0.001 的

显著水平上得到了支持，且这种影响力最强。这可能是因为：一方面对政府的社会表现好的企业，遭遇政府干预管制、罚款的几率均较低，从而体现了经营环境的稳定性；另一方面，对政府的社会责任好的企业，与政府的关系良好，累积了社会资本，有利于其长期的发展。因而公司对政府的社会责任引起了机构投资者（尤其是价值投资者）的正向关注。

2）假设 H_2 认为企业对股东的社会责任对机构持股比例的影响在 0.001 的显著水平上得到了支持，且影响力较强。企业积极承担对股东的责任，经营者不滥用其"内部人"的地位操作利润，在保证股东资本保值增值的同时，按时支付股东股利，企业对股东的责任与机构持股比例之间理所当然是一种正相关的关系。

3）假设 H_3 认为企业对债权人的社会责任对机构持股比例的影响在 0.01 的显著水平上得到了支持。企业越能按时支付利息和到期归还债务等积极承担对债券人的责任，不仅能解决资金紧缺的问题，信誉也因此提高，企业因而也更有能力长久地为股东带来丰厚的业绩。

4）假设 H_4 认为企业对员工的社会责任对机构持股比例的影响在 0.01 的显著水平上得到了支持。对员工社会责任表现好的公司，在员工的薪酬、福利、培训等方面投入较多，有利于吸引和留住高素质的人才，从而提升公司的竞争力，进而增加了公司价值，给机构投资者以充分的信息，对机构投资者的持股决策产生积极影响。

5）回归结果还表明，企业对公益慈善的社会责任与机构持股比例呈现弱负相关，假设 H_5 没有得到证实。这可能是一方面是因为企业在公益慈善方面的表现不够优秀，使得投资者未能将这类指标值纳入投资决策的考虑中。另一方面是因为公益慈善所做的贡献实际上是一种长期投资，短时间看不出效果。

（2）企业绩效在企业社会责任与机构持股比例间发挥中介作用

表 5-12 和表 5-13 分别进行了企业社会责任对企业绩效以及企业绩效对机构持股比例的回归分析。回归结果表明企业社会责任的履行对企业绩效有正向的提升作用，企业绩效也对机构持股决策有正向的影响。通过对企业绩效在企业社会责任与机构持股比例之间的中介作用分析，发现企业绩效在企业社会责

任与机构持股比例之间存在中介效应，企业社会责任—企业绩效—机构投资者持股比例之间的传导机制成立。中国企业要积极履行社会责任，从而提高企业绩效，进而通过融资吸引广大机构投资者的持股以及参与公司治理。因为随着中国证券市场的发展，中国的机构投资者正以崭新的面貌出现在证券市场。特别是 2002 年以来，中国资本市场中机构投资者数量和规模的增加，以及投资理念的变迁，机构投资者在公司治理中的作用也日益显现。

（3）机构投资者持股比例正向影响企业社会责任

表 5-14 是以样本上市企业在 2009 年度的 QFII 持股比例为自变量，以企业规模、上市时长、产业为控制变量，以企业社会责任的整体评分为因变量，进行回归分析。研究结果表明，假设 H_6 认为机构投资者持股比例对企业社会责任呈现正向影响得到了支持。这就说明机构持股比例越高的企业，履行社会责任情况越好。因为迫于投资者对社会责任的重视以及投资者在企业的合法性、权力性的地位，企业一般会对投资者关注的内容予以重视和实践。企业规模在 0.001 的显著水平上与企业社会责任呈现正相关关系，规模越大的企业，越有能力履行社会责任。上市时长在 0.1 的显著水平上与企业社会责任呈现负相关关系。这可能是因为上市时长越长，企业社会责任相对来说较差，主要是新成长起来的企业相比较老企业，更能感受到国际社会责任潮流的趋势，勇于接受新事物，积极创新，因为也获得了迅猛的发展。产业则在 0.1 的显著水平上与社会责任呈现正相关关系。产业的不同，导致了企业社会责任的履行情况不同。这也正符合了我国目前第二产业的企业社会责任好于其他两个产业的情况。

2. 管理建议

总的来说，企业社会责任与机构投资者持股是正向相关的，即企业高度的社会责任行为会导致机构投资者高度的持股行为；反过来，机构投资者持股并积极参与公司治理会进一步推动企业更好的履行社会责任。这一结果也正好能为企业积极承担社会责任提供激励。在国外企业早已通过积极承担社会责任来树立良好的企业形象，改善企业同社会公众、政府等利益相关者关系时，我国部分企业却还在逃避应该承担的社会责任。因此，如何规范我国企业社会责任的管理，如何促进企业积极承担社会责任，是我国资本市场亟须解决的重要课题。

（1）建立完善的企业社会责任信息披露和监督机制

由于我国对企业社会责任披露还没有相应的规定，社会责任信息只是分布在企业的年度报告中以及少数企业发布的社会责任年报。而本书的实证研究结果发现，机构投资者对企业的社会责任信息有一定的关注（具体体现在对政府、股东、债权人、员工的社会责任中），且市场对这方面信息也有一定的需求，因而有必要建立一套社会责任信息披露机制，以推动我国企业的社会责任实践。政府作为社会基本制度结构的确定者在这方面具有不可替代的作用，应该通过立法、行政管理以及观念引导，建立和强化推动企业承担社会责任和利益诱导机制。除了政府的法律制度约束之外，还要充分发挥新闻媒体、环保组织、工会等非政府组织以及社会公众团体的等利益相关者的监督激励作用。从企业自身、政府、社会等多方面着手，形成多层次、多渠道、全方位的社会责任推动、监督、激励机制。

（2）推动机构投资者积极参与企业社会责任

首先，要加强机构投资者对社会责任的认识。目前国内还有一部分机构投资者很少以公司治理结构进行价值投资和长期投资，基本上是被动投资，主要靠炒作和联合坐庄来获取短期收益。因而我们要积极引入并扩大合格机构投资者（QFII），以及大力支持成熟机构投资者的发展，通过他们成熟的投资理念、先进的投资模式来引导与影响投资者重视和参与公司治理，引导投资者提高对企业社会责任的认识，以推动企业更加积极地参与社会责任实践。各类社会责任中，企业对公益慈善的社会责任没有受到重视，可能与投资者的认识有关。一方面可能投资者对社会责任的认识还不够全面，另一方面可能认识到了，但不够重视。鉴于此，我们要加以引导，提高投资者对社会责任的全面认识。其次，为了满足机构投资者在进行社会责任投资时的需求，同时也为了反映机构投资者社会责任型投资的市场行为与总体表现，Domini400 社会型指数、Calvert 社会指数、FTSE4Good 指数等"社会责任型投资"指数如雨后春笋大量涌现。中国的机构投资者可以凭借自身优势和能力，连同一些研究机构，在参考国外社会责任投资指数的基础上，制定反映我国社会责任投资的评价标准，从而为促进我国资本市场的健康发展，为企业社会责任的全面实施提供理论指导和技术支持，也为机构投资者进行投资组合提供理论上的指导和实际操作的方法。

（3）建立利益者相互制衡的公司治理模式

从诸多研究者对企业社会责任以及企业社会责任的战略关联研究以及核心竞争力研究可以看出，建立一个利益相关者相互制衡的公司治理模式对公司战略的制定和实施是十分必要的。利益相关者相互制衡的治理就是通过正式的制度安排确保利益相关者每个产权主体的利益最大化。企业积极承担对政府、股东等各个利益相关者的责任，不仅能获得政府的资金和政策的资助和扶持、股东的信赖和投资、债权人的信任和出资，员工的认同和回报、更能获得社会大众的认可和支持，拥有着良好的经营环境、良好的社会形象，从而获得良好的经营绩效和可持续的发展。这些直接或间接影响组织绩效的特征都能对机构投资的投资决策构成一定影响。反过来，机构股东作为企业的核心利益相关者，通过自己的投资选股以及参与公司治理，联合其他利益相关者，推进企业社会责任法制化，构建中国的社会责任体系以及推动社会责任投资基金的设立，进而促进和迫使了企业履行社会责任。这样一个良性循环的过程不断地规范，不仅能提高上市公司治理质量，也能规范资本市场的运作。

附 录

附录 A 酒店上市公司样本数据

2008 年酒店上市公司社会责任指标值

目标层	准则层	方案层	新都酒店	华天酒店	东方宾馆	西安饮食	科学城	全聚德	万好万家	锦江股份	金陵饭店
B	B₁	B_{11}	0.337881	0.589695	0.246785	0.585069	0.253829	0.308081	0.424885	0.122318	0.132007
		B_{12}	160.2634	321.4183	172.8096	181.2516	3255.6421	769.1842	659.0208	(1740.4181)	(1224.8518)
		B_{13}	0.934000	3.280000	2.280000	1.817200	1.470000	4.921800	2.300000	4.560600	3.050000
		B_{14}	0.494608	0.549939	0.732201	0.312328	0.706001	0.880628	1.147796	3.985290	3.201636
		B_{15}	1.011591	1.670284	1.062050	1.038660	0.908818	1.040363	0.936963	0.559939	1.120212
		B_{16}	0.010700	0.369000	0.020000	0.068900	-0.052200	0.534400	0.090000	0.452900	0.220000
		B_{17}	0.007587	0.042294	0.005204	0.016463	-0.026456	0.072328	0.021305	0.089557	0.053941
		B_{18}	9164233.15	6343949249.20	4033150.00	26288754.36	142875.00	14455760.33	8035222.79	901674.00	218023.97
		B_{19}	0.000000	0.000000	0.000000	0.000000	0.000000	0.000000	0.000000	0.000000	1.000000
	B₂	B_{21}	0.000000	0.000000	0.000000	0.000000	0.000000	1.000000	0.000000	0.000000	1.000000
		B_{22}	0.000000	0.000000	0.000000	0.000000	0.001487	0.000000	0.005018	0.000000	0.000000

（续表）

目标层	准则层	方案层	新都酒店	华天酒店	东方宾馆	西安饮食	科学城	全聚德	万好万家	锦江股份	金陵饭店
B	B₃	B₃₁	0.230769	0.500000	0.333333	0.250000	0.000000	0.315789	0.000000	0.217391	0.157895
		B₃₂	0.00	1780723.68	1638004.02	1264957.04	169426.07	2501472.00	164409.49	684700.00	654137.89
		B₃₃	1.000000	1.092583	0.999752	1.033753	0.887803	1.486150	1.001381	1.022243	1.093239
		B₃₄	35205.2742	170844.3099	59360.5666	18078.6282	1498465.6064	57880.8763	25614.0395	86883.4427	86240.4949
		B₃₅	0.045983	0.348467	-0.058072	0.088909	114.001974	0.233689	-0.011281	-0.042618	2.255195
		B₃₆	0.000000	991.698890	1967.776393	223.569643	15402.370000	1092.345852	312.565561	576.832350	432.226996
	B₄	B₄₁	2.907984	3.373582	3.679279	2.651861	3.352316	5.433653	4.329140	13.557333	20.377415
		B₄₂	17.849552	7.974652	6.043521	4.913382	7.894342	14.649316	5.692794	4.493224	9.117022
	B₅	B₅₁	330	1018	1425	5658	22	4580	1052	2374	819
		B₅₂	0.014564	0.000584	0.000086	0.000000	0.000000	0.000062	0.001036	0.000000	0.000000
		B₅₃	208001.1547	885431.9598	187892.8913	96220.2937	5379643.1714	242811.3882	402820.2517	334298.9684	515124.2065
		B₅₄	0.004982	0.004580	0.001629	0.007767	-0.007980	0.024570	0.032051	0.010146	0.018147
		B₅₅	0.058776	0.146343	0.124010	0.166803	0.014042	0.352682	0.088329	0.103563	0.115240
	B₆	B₆₁	0.530619	0.470462	0.388217	0.397087	0.897773	0.453648	0.508931	0.313178	0.472264
		B₆₂	-0.024917	0.473250	-0.161051	0.083965	0.648863	0.213241	-0.075468	-0.049277	0.030922
	B₇	B₇₁	6358.8300	0.0000	164008.5600	0.0000	0.0000	0.0000	409762.5900	0.0000	0.0000
		B₇₂	0.0000	650000.0000	54495.0000	503181.3000	121611.1500	1332422.0000	1100500.0000	0.0000	205600.0000

2009 年酒店上市公司社会责任指标标值

目标层	准则层	方案层	新都酒店	华天酒店	东方宾馆	西安饮食	科学城	全聚德	万好万家	锦江股份	金陵饭店
B	B1	B_{11}	0.429536	0.626921	0.242701	0.434235	0.183036	0.275933	0.312701	0.161083	0.149265
		B_{12}	-141.9008	289.6405	-1588.6516	416.6026	1471.1340	974.2232	1148.2218	-2311.2296	-1890.8214
		B_{13}	0.861400	2.340000	2.270000	2.052800	1.495700	5.078000	2.530000	6.485700	3.330000
		B_{14}	1.471244	0.577105	0.575236	0.508675	0.913804	1.106807	0.850448	3.840888	2.978190
		B_{15}	0.921888	1.043523	0.995657	1.128800	1.016392	1.031265	1.102922	1.412837	1.150197
		B_{16}	-0.073000	0.260000	-0.190000	0.235600	0.024100	0.596200	0.140000	0.465800	0.285000
		B_{17}	-0.048336	0.039474	-0.064999	0.065547	0.013175	0.083186	0.038304	0.060181	0.060975
		B_{18}	10029368.19	87508228.66	2258898.75	18420135.80	297665.78	8506788.20	4789076.36	42347156.42	157494.88
		B_{19}	0.000000	0.000000	0.000000	0.000000	0.000000	0.000000	0.000000	0.000000	1.000000
	B2	B_{21}	0.000000	0.000000	0.000000	0.000000	0.000000	1.000000	0.000000	0.000000	1.000000
		B_{22}	0.003305	0.001428	0.000000	0.004759	0.000504	0.000000	0.007791	0.000000	0.000000
	B3	B_{31}	0.230769	0.500000	0.222222	0.250000	0.071429	0.277778	0.000000	0.178571	0.176471
		B_{32}	0.00	2531476.24	461621.55	1395644.18	91640.06	3238218.11	50644.6800	1827047.000	742387.880
		B_{33}	1.000000	1.032417	0.999650	1.024420	0.979223	0.913617	0.987801	0.994292	0.972754
		B_{34}	39767.4052	148433.0330	62376.5918	20091.9385	3774436.6271	56790.759441	29376.3996	91812.7006	74178.8554
		B_{35}	0.047795	0.104858	4.558543	0.083523	0.082686	0.167638	-0.108274	0.360429	-0.093234
		B_{36}	0.000000	1036.166363	690.533351	458.455159	13091.436429	1331.777960	117.778326	1358.904425	406.999782

（续表）

目标层	准则层	方案层	新都酒店	华天酒店	东方宾馆	西安饮食	科学城	全聚德	万好万家	锦江股份	金陵饭店
B	B_4	B_{41}	11.715009	2.399193	2.580306	1.804168	10.936471	7.903640	15.197090	14.408946	8.730004
		B_{42}	13.144513	7.532335	6.503210	4.598739	11.557847	12.974784	8.246187	4.785924	5.852103
	B_5	B_{51}	318	1163	1337	5369	14	4863	860	2689	826
		B_{52}	0.000024	0.000503	0.000181	0.000436	0.000052	0.000060	0.000211	0.000163	0.000000
		B_{53}	194834.027	1181138.127	165166.760	104982.161	16735114.621	247108.6375	371040.6768	291021.6523	535328.489
		B_{54}	0.000000	0.006279	-0.022109	0.023442	0.007729	0.031919	0.018316	0.010115	0.017569
		B_{55}	0.003877	0.132031	0.043245	0.249621	0.056939	0.381596	0.137957	0.147502	0.116474
	B_6	B_{61}	0.564885	0.482454	0.531401	0.391460	0.847501	0.424522	0.490047	0.330100	0.494045
		B_{62}	-0.097365	0.409586	-0.175238	0.035331	0.979614	0.080582	-0.247004	-0.013947	0.048104
	B_7	B_{71}	5687.1100	0.0000	148153.060	0.0000	0.0000	0.0000	334257.0600	0.0000	0.0000
		B_{72}	0.0000	30000.0000	0.0000	262000.0000	10000.0000	363692.0000	2311600.000	0.0000	2000.0000

2010 年酒店上市公司社会责任指标值

目标层	准则层	方案层	新都酒店	华天酒店	东方宾馆	西安饮食	科学城	全聚德	万好万家	锦江股份	金陵饭店
B	B₁	B₁₁	0.447815	0.659250	0.180748	0.417710	0.220304	0.345224	0.126455	0.212951	0.182117
		B₁₂	139.475400	270.324000	422.977000	794.865600	-1269.648700	3171.68850	3263.03630	2114.79890	-6968.09310
		B₁₃	0.883600	2.520000	2.240000	2.075200	1.460000	5.282700	2.470000	7.084400	3.700000
		B₁₄	2.280660	0.614196	1.105761	0.409012	1.056230	0.594274	2.630485	0.971740	2.54013
		B₁₅	1.014536	1.067515	0.986368	1.013371	0.975438	1.060985	0.974897	0.779137	1.164920
		B₁₆	0.012700	0.250000	0.025000	0.172400	-0.036700	0.708400	-0.120000	0.630900	0.375000
		B₁₇	0.007911	0.031470	0.009189	0.050565	-0.019608	0.085172	-0.042850	0.072086	0.066438
		B₁₈	10884321.10	93557331.80	706718.25	4467892.08	390470.85	5927860.76	345905.08	22934729.85	1779850.72
		B₁₉	0.000000	0.000000	0.000000	0.000000	0.000000	0.000000	0.000000	0.000000	1.000000
	B₂	B₂₁	0.000000	0.000000	0.000000	0.000000	0.000000	1.000000	00000	0.000000	1.000000
		B₂₂	0.006192	0.000716	0.000000	0.003877	0.001734	0.000000	0.006686	0.000000	0.000000
	B₃	B₅₁	0.214286	0.470588	0.210526	0.235294	0.071429	0.277778	0.000000	0.217391	0.187500
		B₃₂	0.00	3633833.62	7736675.92	1558171.15	187734.84	2574978.00	22746.31	4009606.22	345900.35
		B₃₃	1.000000	1.060996	0.995043	0.971340	0.989435	1.043616	0.993349	1.006923	1.019470
		B₃₄	53552.1205	28283.0992	61589.5193	23289.2347	7103788.0144	66604.5066	25852.5790	43019.5152	82600.0054
		B₃₅	0.141851	0.349107	-0.169159	0.057033	0.140192	0.112015	-0.192139	1.218431	0.244559
		B₃₆	0.000000	128.232874	1275.640429	457.535109	41718.852202	1063.820698	54.482180	937.700237	511.988058

（续表）

目标层	准则层	方案层	新都酒店	华天酒店	东方宾馆	西安饮食	科学城	全聚德	万好万家	锦江股份	金陵饭店
B	B_4	B_{41}	21.952371	2.675086	4.215142	1.668076	17.472330	3.307263	18.027644	1.872877	6.782419
		B_{42}	9.170852	7.203287	6.636846	4.542879	11.129641	12.346511	32.926829	0.957879	3.877403
	B_5	B_{51}	303	7728	1213	5396	9	4841	835	8552	855
		B_{52}	0.000003	0.000684	0.000113	0.000004	0.000107	0.000000	0.000222	0.000068	0.000000
		B_{53}	235973.3111	164409.7409	220873.0548	109738.9589	4740897.7733	276665.4665	396265.3745	185115.5881	601758.9817
		B_{54}	-0.000366	0.006201	0.004359	0.017330	0.006816	0.029366	0.006120	0.012909	0.014245
		B_{55}	0.066226	0.124204	0.097772	0.238611	0.043437	0.391490	0.032319	0.077987	0.127186
	B_6	B_{61}	0.490862	0.461328	0.431226	0.410023	0.713948	0.426662	0.663604	0.154952	0.493459
		B_{62}	0.154021	0.081149	0.213248	0.050567	-0.011770	0.114546	0.036938	1.714869	0.163559
	B_7	B_{71}	8161.3200	0.0000	153453.9000	0.0000	0.0000	0.0000	312455.5000	0.0000	0.0000
		B_{72}	0.0000	1615000.0000	0.0000	215000.0000	0.0000	430780.4100	0.0000	0.0000	4800.0000

附录 B 旅游上市公司实证样本数据

股票代码	企业名称	年份	半年	x_1	x_2	x_3	x_4	x_5	x_6	x_7	x_8	x_9	x_{10}	x_{11}	Y	$cont_1$	$cont_2$
000033	新都酒店	2006	01	1.35	0.00	0.0743	0.7359	0.1718	0.1399	0.0464	-0.0100	0.0113	0.4717	0	1.27	0	20.22
000069	华侨城A	2006	01	2.36	0.19	0.0074	0.4528	0.2140	0.2690	0.5246	0.0301	0.0098	0.9531	0	1.64	1	22.59
000428	华天酒店	2006	01	2.83	0.11	0.0309	0.4488	0.1877	-0.3238	0.4106	0.0744	0.0245	-0.1405	1	1.21	0	20.86
000524	东方宾馆	2006	01	2.20	0.05	0.2359	0.7374	0.2718	-0.2912	0.0896	0.5639	0.0131	-0.1942	0	1.06	0	20.52
000610	西安旅游	2006	01	2.28	0.06	0.0048	0.8212	0.1497	0.1188	0.7295	0.8736	0.0145	-0.4446	0	1.15	0	20.03
000721	西安饮食	2006	01	1.93	0.05	0.0489	0.3622	0.1726	-0.0115	0.4212	0.0515	0.0246	0.3781	0	1.18	0	20.68
000802	北京旅游	2006	01	1.86	0.03	-0.0897	0.4447	0.1757	-0.2187	0.5341	0.1042	0.0100	0.5855	1	1.23	0	20.17
000888	峨眉山A	2006	01	2.39	0.04	0.0802	0.6463	0.1493	0.5573	0.5812	0.9614	0.0152	-0.1770	0	1.55	1	20.59
000978	桂林旅游	2006	01	2.27	0.11	0.0724	0.5504	0.2270	0.0277	0.5791	0.5326	0.0151	0.1931	0	1.55	0	20.51
002033	丽江旅游	2006	01	2.91	0.21	0.4319	0.8813	0.1383	-0.1001	0.1744	0.6114	0.0587	0.0928	1	1.68	1	19.65
002059	云南旅游	2006	01	2.21	0.10	0.1310	0.6472	0.1483	-0.0153	0.4486	0.4506	0.0039	0.3404	0	1.28	1	20.12
600054	黄山旅游	2006	01	2.43	0.15	0.3470	0.7019	0.1368	-0.1690	0.6127	3.0010	0.0493	0.6818	0	1.83	1	20.78
600138	中青旅	2006	01	4.70	0.14	-0.0616	0.4535	0.0359	0.4892	0.8513	0.3763	0.0123	4.0843	0	0.92	0	21.93
600175	美都控股	2006	01	3.78	0.04	0.0225	0.3328	0.0131	0.5209	0.9346	0.6501	0.0175	1.6246	0	1.00	0	21.19
600258	首旅股份	2006	01	3.54	0.11	0.1615	0.5855	0.0878	-0.1560	0.7006	0.4217	0.0156	-0.1032	0	1.05	0	21.27
600358	国旅联合	2006	01	1.14	0.04	-0.0673	0.7204	0.2213	-0.7932	0.4865	-0.0848	0.0038	-0.8975	0	1.39	0	20.45
600555	九龙山	2006	01	4.16	0.10	0.0944	0.7166	0.0414	-0.8760	0.7149	-0.3037	0.0077	-0.3483	0	0.79	0	21.72
600576	万好万家	2006	01	2.19	-0.08	0.0534	0.4126	0.0880	0.1411	0.9216	0.0102	0.0168	-0.1773	0	1.08	0	20.79

（续表）

股票代码	企业名称	年份	半年	x_1	x_2	x_3	x_4	x_5	x_6	x_7	x_8	x_9	x_{10}	x_{11}	Y	$cont_1$	$cont_2$
600593	大连圣亚	2006	01	3.20	-0.09	0.0211	0.4807	0.1863	0.1454	0.8408	0.6326	0.0017	0.8855	0	0.93	0	20.31
600650	锦江投资	2006	01	3.38	0.24	0.3021	0.7058	0.1018	0.1988	0.8098	0.1422	0.0173	-0.3325	0	0.92	0	21.78
600749	西藏旅游	2006	01	1.41	0.10	-0.2199	0.3292	0.0438	0.3520	0.7705	0.6069	0.0012	-0.1816	0	1.71	0	19.71
600754	锦江股份	2006	01	3.18	0.16	0.1612	0.8264	0.2600	-0.1336	0.2825	0.1219	0.0213	0.0708	0	1.42	0	21.60
600832	东方明珠	2006	01	1.80	0.12	0.1152	0.6820	0.0633	-0.2228	0.5216	0.5453	0.0121	0.4637	0	1.70	0	22.52
601007	金陵饭店	2006	01	2.58	0.09	0.0850	0.5946	0.1429	-0.0153	0.5646	0.4506	0.0164	0.3404	0	1.28	0	21.23

股票代码	企业名称	年份	半年	x_1	x_2	x_3	x_4	x_5	x_6	x_7	x_8	x_9	x_{10}	x_{11}	Y	$cont_1$	$cont_2$
000033	新都酒店	2006	02	0.92	-0.42	0.0588	0.5942	0.1436	-0.4730	0.0501	0.0775	0.0217	0.2841	0	1.38	0	20.04
000069	华侨城A	2006	02	2.69	0.52	0.0702	0.5151	0.0930	0.4649	0.5829	3.0541	0.0167	0.1947	0	2.21	1	22.68
000428	华天酒店	2006	02	3.18	0.47	0.2053	0.3939	0.1560	-0.4637	0.3984	0.2199	0.0449	0.1277	1	1.37	0	21.12
000524	东方宾馆	2006	02	2.25	0.09	0.4587	0.7263	0.2629	0.0466	0.0921	1.1146	0.0310	0.0395	0	1.06	0	20.54
000610	西安旅游	2006	02	2.22	0.05	0.1245	0.7804	0.1071	-0.1029	0.7581	0.1008	0.0236	-0.4859	0	1.13	0	20.07
000721	西安饮食	2006	02	1.94	0.06	0.1732	0.3860	0.1629	0.1551	0.4147	0.1221	0.0486	0.1296	0	1.23	0	20.63
000802	北京旅游	2006	02	1.99	0.15	0.2127	0.4576	0.1845	-0.0094	0.5172	-0.2362	0.0129	-0.1263	1	1.31	0	20.21
000888	峨眉山A	2006	02	2.52	0.17	0.3016	0.5939	0.1112	0.3188	0.5380	-0.4252	0.0309	0.1279	0	1.80	1	20.73
000978	桂林旅游	2006	02	2.41	0.25	0.2750	0.5620	0.1908	1.84	0.5836	0.0151	0.0323	0.0990	0	1.72	0	0.54
002033	丽江旅游	2006	02	3.14	0.43	1.3506	0.8473	0.1131	0.6019	0.1629	-0.2461	0.0648	-0.2115	1	1.98	1	19.77
002059	云南旅游	2006	02	2.50	0.07	0.0633	0.6459	0.1313	0.4926	0.5868	2.2860	0.0043	-0.1940	0	0.97	1	20.90

（续表）

股票代码	企业名称	年份	半年	x_1	x_2	x_3	x_4	x_5	x_6	x_7	x_8	x_9	x_{10}	x_{11}	Y	$cont_1$	$cont_2$
600054	黄山旅游	2006	02	1.83	0.31	0.6769	0.7180	0.1237	0.1465	0.5894	-0.3487	0.0775	0.3138	0	2.57	1	20.87
600138	中青旅	2006	02	4.90	0.34	0.0821	0.4667	0.0276	0.0908	0.8644	-0.1699	0.0239	3.0979	0	1.22	0	21.93
600175	美都控股	2006	02	2.96	0.10	-0.0881	0.3408	0.0097	0.2541	0.9169	1.6960	0.0260	1.3231	0	0.96	0	21.23
600258	首旅股份	2006	02	3.76	0.34	0.3265	0.6060	0.0880	-0.1808	0.6666	0.1021	0.0366	0.1860	0	1.44	0	21.28
600358	国旅联合	2006	02	1.16	0.04	-0.0993	0.7009	0.2165	0.0506	0.5006	0.4984	0.0087	-0.8295	0	1.52	0	20.48
600555	九龙山	2006	02	4.25	0.32	0.3188	0.7142	0.0636	0.2776	0.8478	-0.5054	0.0156	-0.2328	0	1.05	0	21.73
600576	万好万家	2006	02	2.30	0.03	0.0363	0.3390	0.0646	0.3128	0.8918	0.9769	0.0213	-0.3070	0	1.11	0	21.10
600593	大连圣亚	2006	02	2.83	-0.43	0.0620	0.4294	0.2030	0.2017	0.8158	-0.7173	0.0039	1.1616	0	0.91	0	20.30
600650	锦江投资	2006	02	3.63	0.49	0.5123	0.7168	0.1026	0.3474	0.8106	-0.0239	0.0236	-0.3638	0	1.05	0	21.85
600749	西藏旅游	2006	02	1.40	0.13	-0.0869	0.3317	0.0609	0.2947	0.7570	-0.4733	0.0082	0.8252	0	1.51	0	19.69
600754	锦江股份	2006	02	3.38	0.36	0.5002	0.8365	0.1990	-0.1753	0.2720	0.0469	0.0362	0.1438	0	1.62	0	21.65
600832	东方明珠	2006	02	1.88	0.21	0.3029	0.6976	0.0740	0.3762	0.5357	-0.1031	0.0201	0.1916	0	2.18	0	22.54
601007	金陵饭店	2006	02	1.97	0.23	0.5107	0.7595	0.1579	0.0773	0.4594	0.3070	0.0697	0.1057	0	1.45	0	20.09

股票代码	企业名称	年份	半年	x_1	x_2	x_3	x_4	x_5	x_6	x_7	x_8	x_9	x_{10}	x_{11}	Y	$cont_1$	$cont_2$
000033	新都酒店	2007	01	0.94	-0.01	0.0532	0.6021	0.2100	0.8048	0.0400	0.0428	0.0062	-0.5313	0	2.79	0	20.06
000069	华侨城A	2007	01	2.62	0.11	-0.0138	0.4399	0.1571	0.2712	0.5891	0.4544	0.0047	-0.4017	1	3.17	1	22.80
000428	华天酒店	2007	01	1.92	0.32	0.0975	0.4100	0.2010	0.4915	0.3864	-0.0512	0.0239	0.4676	0	2.36	0	21.27
000524	东方宾馆	2007	01	2.06	0.06	0.2181	0.7034	0.2621	2.5200	0.0936	0.7115	0.0153	0.4269	0	1.61	0	20.49

(续表)

股票代码	企业名称	年份	半年	x_1	x_2	x_3	x_4	x_5	x_6	x_7	x_8	x_9	x_{10}	x_{11}	Y	$cont_1$	$cont_2$
000610	西安旅游	2007	01	2.30	0.05	0.1534	0.7098	0.1221	6.4190	0.6350	0.5902	0.0133	0.0694	0	1.56	0	20.19
000721	西安饮食	2007	01	1.76	0.05	0.0720	0.3894	0.1774	0.3887	0.3979	0.0965	0.0201	-0.1979	0	1.42	0	20.67
000802	北京旅游	2007	01	2.12	-0.04	-0.0974	0.4809	0.2232	0.2207	0.4690	0.1870	0.0069	-0.2723	1	2.67	0	20.22
000888	峨眉山A	2007	01	2.48	0.05	0.0432	0.5371	0.1550	0.8603	0.6162	0.7470	0.0160	0.3164	0	1.93	1	20.81
000978	桂林旅游	2007	01	2.47	0.12	0.0207	0.5805	0.2863	0.3437	0.5943	0.8049	0.0197	0.2746	0	2.65	0	20.52
002033	丽江旅游	2007	01	3.10	0.29	0.4024	0.8531	0.1308	1.7071	0.2043	0.7275	0.0791	0.4908	1	2.53	1	19.75
002059	云南旅游	2007	01	2.38	0.00	0.0146	0.6774	0.1638	8.5666	0.6513	0.2840	0.0179	7.9374	0	1.05	1	20.79
600054	黄山旅游	2007	01	1.84	0.15	0.3295	0.6599	0.1332	0.1417	0.5540	2.2659	0.0641	0.5576	0	3.53	1	20.96
600138	中青旅	2007	01	5.57	0.23	0.0620	0.5280	0.0419	1.2761	0.7933	0.8710	0.0143	0.5092	0	1.78	0	22.18
600175	美都控股	2007	01	2.97	0.08	0.0331	0.3320	0.0110	0.4314	0.9289	1.2255	0.0214	0.3330	0	1.74	0	21.27
600258	首旅股份	2007	01	3.86	0.27	0.1734	0.6323	0.1016	0.3902	0.6106	0.0530	0.0324	1.0984	1	2.64	0	21.28
600358	国旅联合	2007	01	1.20	0.04	-0.0349	0.7026	0.1875	0.6891	0.3874	-0.2390	0.0061	0.7144	0	2.16	0	20.51
600555	九龙山	2007	01	4.60	0.12	0.0699	0.6612	0.0439	3.9506	0.7750	0.4426	0.0111	0.9537	0	1.53	0	21.88
600576	万好万家	2007	01	2.06	0.01	0.0484	0.3372	0.1355	-0.2013	0.2394	1.0115	0.0264	0.8505	0	1.29	0	21.12
600593	大连圣亚	2007	01	2.78	-0.07	0.0916	0.4371	0.1874	0.0247	0.8007	1.2158	0.0020	0.1046	0	1.02	0	20.26
600650	锦江投资	2007	01	2.73	0.30	0.3705	0.7059	0.1795	-0.4906	0.7167	0.0167	0.0189	-0.0915	0	2.01	0	21.60
600749	西藏旅游	2007	01	3.39	0.06	-0.3669	0.5881	0.0710	1.0249	0.7026	-0.1728	0.0076	8.8910	1	1.80	0	20.14
600754	锦江股份	2007	01	3.39	0.22	0.1571	0.8903	0.2409	0.8609	0.3043	0.0868	0.0199	-0.0741	0	2.34	0	21.59
600832	东方明珠	2007	01	2.13	0.12	0.0464	0.7149	0.1068	0.8365	0.5625	0.0868	0.0132	0.0562	0	2.65	0	22.63
601007	金陵饭店	2007	01	2.81	0.10	0.1755	0.8471	0.1585	1.3008	0.5277	-0.2441	0.0201	0.9775	0	1.88	0	20.75

（续表）

股票代码	企业名称	年份	半年	x_1	x_2	x_3	x_4	x_5	x_6	x_7	x_8	x_9	x_{10}	x_{11}	Y	$cont_1$	$cont_2$
000033	新都酒店	2007	02	0.92	0.01	0.1439	0.6052	0.1359	-0.1811	0.4804	0.0250	0.0143	-0.3454	0	2.81	0	20.04
000069	华侨城A	2007	02	3.77	0.66	0.1081	0.4576	0.0910	0.4488	0.4380	1.2931	0.0097	0.0254	0	3.26	1	23.25
000428	华天酒店	2007	02	2.07	0.47	0.2220	0.3384	0.1909	1.2572	0.3822	-0.0425	0.0297	0.0196	1	1.97	0	21.55
000524	东方宾馆	2007	02	2.17	0.10	0.5045	0.7405	0.2674	1.9729	0.3157	1.0519	0.0384	0.2960	0	2.02	0	20.49
000610	西安旅游	2007	02	1.95	0.05	0.2572	0.6686	0.0997	3.1462	0.7248	0.0639	0.0263	0.3374	0	2.02	0	20.25
000721	西安饮食	2007	02	1.74	0.06	0.1811	0.4022	0.1707	0.2578	0.3961	0.1729	0.0422	-0.1564	0	1.81	0	20.60
000802	北京旅游	2007	02	2.18	0.08	-0.0166	0.4873	0.2601	0.0287	0.4845	-0.3618	0.0139	-0.0968	0	3.06	0	20.23
000888	峨眉山A	2007	02	2.62	0.20	0.2816	0.5629	0.1333	1.1301	0.6019	-0.3054	0.0380	0.3473	1	2.49	1	20.82
000978	桂林旅游	2007	02	2.66	0.30	0.2263	0.6012	0.2229	-0.0445	0.6110	-0.1185	0.0365	0.1305	0	3.22	0	20.54
002033	丽江旅游	2007	02	3.50	0.67	0.7527	0.7507	0.1368	0.1148	0.1913	-0.0067	0.0773	0.5192	1	3.39	1	20.00
002059	云南旅游	2007	02	2.53	0.16	0.4335	0.6207	0.0919	-0.1826	0.6265	2.5812	0.0431	9.6390	0	1.15	1	20.95
600054	黄山旅游	2007	02	2.16	0.33	0.5404	0.6679	0.1104	0.0379	0.5551	0.0015	0.0778	0.3296	0	4.49	1	21.16
600138	中青旅	2007	02	5.86	0.52	0.3111	0.5276	0.0277	1.2000	0.8191	0.6317	0.0306	0.7573	0	2.09	0	22.25
600175	美都控股	2007	02	2.58	0.34	-0.0171	0.3260	0.0112	-0.3996	0.8758	1.0905	0.0410	1.1054	0	1.48	0	21.47
600258	首旅股份	2007	02	4.51	0.53	0.3985	0.6663	0.0943	0.1871	0.6474	0.1548	0.0540	0.6000	1	2.93	0	21.36
600358	国旅联合	2007	02	1.23	0.04	0.0872	0.6977	0.1981	2.0619	0.4193	0.4587	0.0132	0.5153	0	3.83	0	20.48
600555	九龙山	2007	02	4.68	-0.29	0.0137	0.6869	0.0716	-0.4248	0.8514	-0.5342	0.0250	0.8885	0	1.74	0	21.81
600576	万好万家	2007	02	2.22	0.17	0.1137	0.4269	0.0627	0.4809	0.4894	6.8535	0.0513	0.7920	0	1.64	0	20.95
600593	大连圣亚	2007	02	2.85	0.03	0.1293	0.4557	0.1465	-0.1434	0.6404	-0.5500	0.0083	0.9591	0	1.88	0	20.22

（续表）

股票代码	企业名称	年份	半年	x_1	x_2	x_3	x_4	x_5	x_6	x_7	x_8	x_9	x_{10}	x_{11}	Y	$cont_1$	$cont_2$
600650	锦江投资	2007	02	3.24	0.57	0.5167	0.7501	0.2081	0.6418	0.7309	0.0041	0.0350	0.2877	1	2.17	0	21.70
600749	西藏旅游	2007	02	2.94	0.08	-0.0748	0.5725	0.0942	-0.0289	0.6197	-0.2050	0.0114	1.2620	0	2.03	0	20.18
600754	锦江股份	2007	02	8.24	0.44	0.1598	0.8064	0.2290	1.6899	0.3048	-0.0205	0.0120	-0.1810	0	1.30	0	22.56
600832	东方明珠	2007	02	2.94	0.33	0.2596	0.7553	0.0889	2.4014	0.6208	0.7399	0.0175	0.2355	0	2.53	0	22.88
601007	金陵饭店	2007	02	2.93	0.22	0.3563	0.8422	0.1530	0.2584	0.4942	0.0221	0.0363	0.1587	0	1.65	0	20.89

股票代码	企业名称	年份	半年	x_1	x_2	x_3	x_4	x_5	x_6	x_7	x_8	x_9	x_{10}	x_{11}	Y	$cont_1$	$cont_2$
000033	新都酒店	2008	01	0.91	0.01	0.0903	0.6293	0.2266	0.0783	0.5180	0.0397	0.0114	0.6975	0	2.20	0	19.98
000069	华侨城 A	2008	01	1.95	0.20	0.0711	0.4536	0.1845	0.0458	0.4395	0.4269	0.0149	4.1455	1	1.73	1	23.29
000428	华天酒店	2008	01	3.20	0.31	0.0440	0.4097	0.1853	-0.1906	0.4277	-0.0687	0.0164	0.2011	1	1.25	0	21.83
000524	东方宾馆	2008	01	2.34	-0.04	0.0622	0.7771	0.3453	-0.1374	0.3561	0.1862	0.0168	-0.1066	0	1.23	0	20.51
000610	西安旅游	2008	01	1.97	0.04	0.0180	0.6274	0.1639	0.0634	0.6527	0.4089	0.0062	-0.4630	0	1.48	0	20.32
000721	西安饮食	2008	01	1.79	0.07	0.0680	0.4088	0.1861	0.1693	0.3986	0.0736	0.0287	0.3436	1	1.31	0	20.60
000802	北京旅游	2008	01	2.08	-0.07	-0.0661	0.4844	0.2201	-0.2422	0.4472	0.0032	0.0081	0.1416	1	2.44	0	20.19
000888	峨眉山 A	2008	01	2.44	0.02	0.0335	0.5319	0.2253	-0.4714	0.7215	-0.0639	0.0169	0.0494	1	1.48	1	0.81
000978	桂林旅游	2008	01	2.73	0.13	0.0021	0.6246	0.4735	-0.8539	0.5242	0.4976	0.0164	-0.1016	0	1.77	0	20.57
002033	丽江旅游	2008	01	3.73	0.38	-0.0046	0.6127	0.2381	-0.8892	0.2100	0.7378	0.0592	0.2399	1	1.77	1	20.26
002059	云南旅游	2008	01	2.53	0.04	-0.3485	0.6532	0.1683	-0.2558	0.6195	2.8555	0.0172	0.1418	0	0.98	1	20.88
600054	黄山旅游	2008	01	2.32	0.35	0.0585	0.6991	0.1368	-0.2701	0.5740	2.0847	0.0625	0.2218	0	2.30	1	21.18

（续表）

股票代码	企业名称	年份	半年	x_1	x_2	x_3	x_4	x_5	x_6	x_7	x_8	x_9	x_{10}	x_{11}	Y	$cont_1$	$cont_2$
600138	中青旅	2008	01	4.56	0.22	0.1013	0.5264	0.0583	0.1849	0.8054	0.1499	0.0256	0.9400	1	1.73	0	22.27
600175	美都控股	2008	01	1.73	0.05	-0.0526	0.2856	0.0152	-0.5375	0.9487	0.4372	0.0221	0.4331	0	1.10	0	21.61
600258	首旅股份	2008	01	4.24	0.37	0.2292	0.6474	0.1003	-0.1262	0.6482	-0.0576	0.0286	-0.0790	1	1.86	0	21.32
600358	国旅联合	2008	01	1.21	0.03	0.0587	0.6977	0.2749	0.9882	0.3775	-0.3058	0.0137	1.1781	0	2.39	0	20.48
600555	九龙山	2008	01	4.75	0.12	-0.0109	0.6844	0.1394	-0.6370	0.7332	0.4494	0.0078	-0.4256	0	1.19	0	21.83
600576	万好万家	2008	01	2.27	0.06	-0.0694	0.4848	0.0722	-0.7949	0.5195	3.3157	0.0306	-0.1978	0	1.27	0	20.75
600593	大连圣亚	2008	01	2.75	0.15	0.0045	0.4548	0.1709	0.0751	0.8146	1.0938	0.0058	1.8731	0	1.19	0	20.24
600650	锦江投资	2008	01	3.04	0.45	0.3400	0.7047	0.1778	1.5778	0.7322	0.0235	0.0164	-0.0423	0	1.32	0	21.70
600749	西藏旅游	2008	01	2.76	-0.19	-0.0461	0.5346	0.3149	-0.4201	0.9492	-0.4189	0.0011	-0.8482	0	1.79	0	20.19
600754	锦江股份	2008	01	5.65	0.36	0.0598	0.8362	0.2297	0.2132	0.3181	0.0086	0.0141	0.2415	0	1.23	0	22.15
600832	东方明珠	2008	01	3.26	0.11	0.1004	0.7470	0.0866	-0.1666	0.6563	0.3151	0.0187	1.0971	0	1.56	0	23.06
601007	金陵饭店	2008	01	3.01	0.16	0.1715	0.8848	0.1658	-0.1845	0.4944	-0.1828	0.0204	0.2275	1	1.15	0	20.94

股票代码	企业名称	年份	半年	x_1	x_2	x_3	x_4	x_5	x_6	x_7	x_8	x_9	x_{10}	x_{11}	Y	$cont_1$	$cont_2$
000033	新都酒店	2008	02	0.93	-0.01	0.1447	0.6621	0.1693	-0.2897	0.5306	0.0724	0.0255	0.6470	0	1.82	0	19.96
000069	华侨城A	2008	02	2.13	0.06	0.1600	0.4955	0.1058	0.2043	0.5282	0.9833	0.0232	1.6649	1	1.40	1	23.36
000428	华天酒店	2008	02	3.28	0.11	0.1383	0.4103	0.1930	-0.0480	0.4705	0.8372	0.0301	0.3867	1	0.97	0	21.87
000524	东方宾馆	2008	02	2.28	-0.04	0.1672	0.7532	0.3159	-0.6196	0.3882	0.4537	0.0316	-0.2311	0	1.23	0	20.52
000610	西安旅游	2008	02	1.98	-0.03	0.1201	0.5809	0.1409	-0.0556	0.6758	-0.0768	0.0174	-0.2272	0	1.11	0	20.40

（续表）

股票代码	企业名称	年份	半年	x_1	x_2	x_3	x_4	x_5	x_6	x_7	x_8	x_9	x_{10}	x_{11}	Y	$cont_1$	$cont_2$
000721	西安饮食	2008	02	1.82	0.02	0.2062	0.4149	0.1879	0.2957	0.3971	-0.0097	0.0558	0.3348	1	1.19	0	20.60
000802	北京旅游	2008	02	1.88	-0.01	0.0583	0.4574	0.2737	-0.2417	0.4279	0.2850	0.0163	0.0749	1	1.31	0	20.14
000888	峨眉山 A	2008	02	2.62	-0.02	0.2934	0.5778	0.1521	-0.3645	0.6325	-0.0850	0.0238	-0.3893	0	1.30	1	20.79
000978	桂林旅游	2008	02	2.80	-0.01	0.0967	0.5732	0.3702	-0.5047	0.5319	0.1394	0.0243	-0.2145	0	1.23	0	20.70
002033	丽江旅游	2008	02	3.97	0.08	0.1587	0.5933	0.1312	-0.4482	0.1879	0.0821	0.0609	0.1220	1	1.34	1	20.36
002059	云南旅游	2008	02	2.65	-0.03	-0.0273	0.6576	0.0962	-0.2509	0.6520	1.3360	0.0291	-0.3066	0	0.86	1	20.94
600054	黄山旅游	2008	02	2.42	-0.01	0.3859	0.6825	0.1173	-0.2552	0.5612	-0.1676	0.0873	0.2332	0	1.84	1	21.25
600138	中青旅	2008	02	4.71	0.08	0.1118	0.5539	0.0497	0.1982	0.7757	0.6679	0.0405	0.3384	1	1.03	0	22.26
600175	美都控股	2008	02	1.80	0.03	-0.0698	0.2663	0.0190	0.9321	0.9143	0.0938	0.0311	-0.0371	0	1.02	0	21.68
600258	首旅股份	2008	02	4.73	0.22	0.4610	0.7107	0.1067	-0.4719	0.5893	0.4065	0.0522	-0.0465	1	1.07	0	21.34
600358	国旅联合	2008	02	1.25	0.01	0.0437	0.6185	0.3074	-0.3547	0.4097	0.4483	0.0192	0.6324	0	1.64	0	20.59
600555	九龙山	2008	02	2.22	0.01	-0.3525	0.7852	0.2072	0.1846	0.9099	0.4172	0.0107	-0.6428	0	1.03	0	21.62
600576	万好万家	2008	02	2.30	-0.04	-0.1446	0.5751	0.0636	-0.2329	0.5089	3.9690	0.0551	-0.2529	0	1.08	0	20.59
600593	大连圣亚	2008	02	2.89	-0.13	0.1187	0.4856	0.1307	0.1273	0.5236	-0.6929	0.0139	0.6577	0	1.12	0	20.21
600650	锦江投资	2008	02	3.25	0.09	0.6524	0.7544	0.2223	-0.1775	0.7408	-0.0659	0.0330	0.0100	0	1.19	0	21.70
600749	西藏旅游	2008	02	1.71	-0.07	-0.0165	0.4742	0.2763	0.0514	0.8101	1.2294	0.0020	-0.8165	0	1.32	0	20.24
600754	锦江股份	2008	02	4.56	0.16	0.3198	0.8777	0.2599	-0.0700	0.3132	-0.0450	0.0269	0.1548	0	1.19	0	21.89
600832	东方明珠	2008	02	1.89	0.03	0.2063	0.7152	0.1026	-0.4438	0.6182	-0.1743	0.0206	0.3610	0	2.39	0	23.05
601007	金陵饭店	2008	02	3.05	0.03	0.3421	0.8680	0.1674	-0.1621	0.4723	-0.0907	0.0358	0.0721	1	0.93	0	20.98

（续表）

股票代码	企业名称	年份	半年	x_1	x_2	x_3	x_4	x_5	x_6	x_7	x_8	x_9	x_{10}	x_{11}	Y	$cont_1$	$cont_2$
000033	新都酒店	2009	01	0.91	−0.03	0.0061	0.6163	0.2410	0.1016	0.5812	0.0290	0.0116	0.0404	0	4.07	0	20.00
000069	华侨城A	2009	01	2.19	0.22	0.1511	0.4618	0.1277	0.3339	0.6045	1.1609	0.0257	1.0469	1	2.45	1	23.46
000428	华天酒店	2009	01	2.25	0.16	0.0829	0.3608	0.1628	−0.0255	0.5030	0.5435	0.0163	0.1912	1	1.28	0	22.01
000524	东方宾馆	2009	01	2.34	−0.10	−0.0902	0.7737	0.5156	−0.5722	0.5148	−0.0936	0.0113	−0.3259	0	2.21	0	20.52
000610	西安旅游	2009	01	1.96	0.01	0.1660	0.5301	0.1679	−0.0127	0.6661	0.8264	0.0103	0.9533	1	2.09	0	20.49
000721	西安饮食	2009	01	1.86	0.06	0.0655	0.4202	0.2064	0.2653	0.3905	0.0719	0.0256	−0.0982	1	1.58	0	20.62
000802	北京旅游	2009	01	1.92	0.02	0.0322	0.4699	0.2606	0.0792	0.4199	0.1309	0.0082	−0.0472	0	2.09	0	20.14
000888	峨眉山A	2009	01	2.63	0.27	0.1273	0.5729	0.1609	0.7861	0.6277	0.3866	0.0143	−0.1560	0	1.78	1	20.81
000978	桂林旅游	2009	01	2.56	0.14	0.0105	0.5412	0.4456	0.2066	0.5377	0.2682	0.0101	−0.3242	0	1.64	0	20.68
002033	丽江旅游	2009	01	4.04	0.39	0.0846	0.4986	0.2486	0.7751	0.1805	0.3693	0.0201	−0.5423	1	1.52	1	20.55
002059	云南旅游	2009	01	2.51	−0.03	−0.0927	0.6380	0.4073	−0.1468	0.6833	0.5836	0.0231	0.2673	1	1.12	1	20.90
600054	黄山旅游	2009	01	2.48	0.36	−0.0197	0.6840	0.1500	−0.3690	0.5880	1.8513	0.0654	0.1448	0	2.18	1	21.27
600138	中青旅	2009	01	4.88	0.43	0.0787	0.5523	0.0497	0.1908	0.7436	0.8371	0.0249	0.0242	1	1.18	0	22.32
600175	美都控股	2009	01	2.96	0.12	0.0334	0.4735	0.0174	−0.0819	0.9101	0.6320	0.0098	−0.3757	0	1.20	0	21.94
600258	首旅股份	2009	01	4.77	0.53	0.1833	0.6962	0.1187	−0.4032	0.5129	−0.2222	0.0390	0.4591	0	1.47	0	21.39
600358	国旅联合	2009	01	1.26	0.01	−0.0443	0.6032	0.3328	−0.3545	0.3107	−0.3034	0.0187	0.5672	0	2.37	0	20.62
600555	九龙山	2009	01	2.24	0.02	−0.0737	0.7723	1.4379	−0.0057	0.5087	−0.4509	0.0036	−0.6156	0	3.16	0	21.65
600576	万好万家	2009	01	2.31	−0.06	−0.1160	0.5836	0.2021	2.9484	0.2418	0.5797	0.0186	−0.4865	0	2.50	0	20.58
600593	大连圣亚	2009	01	2.80	0.18	0.1224	0.4692	0.1741	−0.2969	0.7062	1.0489	0.0047	−0.2025	0	0.58	0	20.22

（续表）

股票代码	企业名称	年份	半年	x_1	x_2	x_3	x_4	x_5	x_6	x_7	x_8	x_9	x_{10}	x_{11}	Y	$cont_1$	$cont_2$
600650	锦江投资	2009	01	3.29	0.36	0.3068	0.7407	0.1998	-0.0508	0.7157	0.0608	0.0169	0.0480	0	1.80	0	21.71
600749	西藏旅游	2009	01	1.65	0.03	0.0062	0.4513	0.1975	0.4357	0.6518	5.4838	0.0011	0.0744	0	2.15	0	20.25
600754	锦江股份	2009	01	5.63	0.36	0.0191	0.8395	0.3662	-0.0280	0.2966	0.1125	0.0103	-0.2764	0	2.41	0	22.14
600832	东方明珠	2009	01	2.23	0.11	0.0821	0.7166	0.0854	0.1036	0.6472	0.0183	0.0116	-0.2679	0	3.21	0	23.18
601007	金陵饭店	2009	01	3.12	0.15	0.1261	0.8486	0.1516	-0.1074	0.5201	-0.3085	0.0138	-0.2686	1	1.24	0	21.02

股票代码	企业名称	年份	半年	x_1	x_2	x_3	x_4	x_5	x_6	x_7	x_8	x_9	x_{10}	x_{11}	Y	$cont_1$	$cont_2$
000033	新都酒店	2009	02	0.86	-0.01	0.0055	0.5705	0.2041	0.6308	0.5649	0.1472	0.0225	-0.0589	0	5.07	0	20.02
000069	华侨城A	2009	02	3.37	0.11	0.3761	0.3724	0.0733	1.5351	0.5391	6.2452	0.0440	3.1850	1	1.41	1	24.15
000428	华天酒店	2009	02	2.34	0.03	0.2364	0.3731	0.1359	0.5185	0.4825	0.5389	0.0295	0.2224	1	1.37	0	22.09
000524	东方宾馆	2009	02	2.27	0.00	0.0269	0.7573	0.3777	0.0776	0.5314	0.4787	0.0294	-0.0807	0	2.28	0	20.51
000610	西安旅游	2009	02	1.97	-0.01	0.3045	0.4560	0.1768	-0.5691	0.7003	-0.0603	0.0327	1.3815	1	2.10	0	20.64
000721	西安饮食	2009	02	2.05	0.02	0.2530	0.5658	0.1914	-0.0262	0.3915	0.1590	0.0609	-0.0977	1	1.93	0	20.42
000802	北京旅游	2009	02	1.90	0.01	0.1908	0.4398	0.2614	0.0200	0.4141	0.0911	0.0238	0.5397	0	2.51	0	20.20
000888	峨眉山A	2009	02	2.93	0.04	0.5350	0.6267	0.1001	0.9236	0.5573	-0.2201	0.0331	0.4301	0	2.26	1	20.83
000978	桂林旅游	2009	02	2.71	-0.02	0.1348	0.5371	0.3384	-0.0671	0.5118	0.0428	0.0202	-0.1513	1	1.77	0	20.73
002033	丽江旅游	2009	02	4.20	0.07	0.2030	0.4589	0.1271	0.0793	0.1612	0.1443	0.0308	-0.2630	1	1.82	1	20.74
002059	云南旅游	2009	02	2.63	-0.04	0.0097	0.6339	0.1407	0.1334	0.6823	1.9049	0.0501	0.6901	1	1.26	1	20.96
600054	黄山旅游	2009	02	2.64	-0.01	0.0588	0.6712	0.1307	-0.0832	0.5729	-0.4121	0.0875	0.1123	0	2.38	1	21.35

（续表）

股票代码	企业名称	年份	半年	x_1	x_2	x_3	x_4	x_5	x_6	x_7	x_8	x_9	x_{10}	x_{11}	Y	$cont_1$	$cont_2$
600138	中青旅	2009	02	5.17	0.10	0.2281	0.5444	0.0357	0.8690	0.7611	1.0157	0.0414	0.2450	1	1.38	0	22.45
600175	美都控股	2009	02	3.32	0.11	0.0478	0.5333	0.0126	-0.0294	0.9120	0.2624	0.0206	-0.1979	0	1.50	0	21.94
600258	首旅股份	2009	02	4.21	0.27	0.4004	0.6379	0.1410	0.1993	0.5333	0.3844	0.0687	0.3367	0	1.98	0	21.36
600358	国旅联合	2009	02	1.30	0.01	0.0419	0.5718	0.2898	-0.5066	0.3466	0.0583	0.0277	0.6199	0	3.17	0	20.71
600555	九龙山	2009	02	2.21	0.02	0.2475	0.6597	1.1895	0.1516	0.7016	1.2886	0.0054	-0.4504	0	2.57	0	21.80
600576	万好万家	2009	02	2.53	-0.01	0.0976	0.6873	0.0792	-0.0190	0.4900	0.5754	0.0659	0.1040	0	2.59	0	20.51
600593	大连圣亚	2009	02	2.93	-0.11	0.0857	0.4506	0.1166	-0.0877	0.5234	-0.7796	0.0110	-0.1424	0	2.40	0	20.30
600650	锦江投资	2009	02	3.52	0.10	0.5380	0.7773	0.2564	-0.1724	0.7235	-0.0040	0.0315	-0.0934	0	2.11	0	21.72
600749	西藏旅游	2009	02	1.72	-0.07	0.1766	0.4704	0.1722	-0.1311	0.3775	-0.3371	0.0045	1.3015	0	2.80	0	20.25
600754	锦江股份	2009	02	6.49	0.09	0.0732	0.8389	0.3155	-0.0808	0.3301	-0.0010	0.0199	0.0932	0	2.62	0	22.28
600832	东方明珠	2009	02	2.47	0.03	0.3164	0.8047	0.0918	0.1600	0.6277	0.1506	0.0160	-0.1517	0	3.27	0	23.17
601007	金陵饭店	2009	02	3.33	0.04	0.2885	0.8507	0.1386	0.1126	0.4940	-0.0346	0.0270	-0.1134	1	1.25	0	21.14

股票代码	企业名称	年份	半年	x_1	x_2	x_3	x_4	x_5	x_6	x_7	x_8	x_9	x_{10}	x_{11}	Y	$cont_1$	$cont_2$
000033	新都酒店	2010	01	3.71	0.53	-0.2159	0.3206	0.0661	3.2771	0.4873	0.9870	0.0333	2.3512	1	1.08	1	24.41
000069	华侨城 A	2010	01	2.43	0.20	0.0636	0.3498	0.1824	-0.2243	0.4452	0.2609	0.0164	0.1952	1	1.73	0	22.18
000428	华天酒店	2010	01	2.20	0.01	0.1380	0.8174	0.2956	0.5599	0.4072	0.0267	0.0116	-0.0872	0	3.56	0	20.40
000524	东方宾馆	2010	01	1.97	0.10	0.0162	0.4439	0.1405	-0.5653	0.6740	0.6917	0.0170	0.9668	0	1.77	0	20.67
000610	西安旅游	2010	01	2.08	0.06	0.1986	0.5653	0.2138	-0.0597	0.4002	0.0926	0.0499	0.6207	0	1.99	0	20.43

（续表）

股票代码	企业名称	年份	半年	x_1	x_2	x_3	x_4	x_5	x_6	x_7	x_8	x_9	x_{10}	x_{11}	Y	$cont_1$	$cont_2$
000721	西安饮食	2010	01	1.92	0.02	0.0252	0.4448	0.2757	-0.1439	0.4186	0.0241	0.0074	-0.0455	0	2.16	0	20.19
000802	北京旅游	2010	01	3.02	0.37	0.2508	0.6531	0.1417	0.3484	0.5782	0.4186	0.0283	1.0027	1	2.81	1	20.82
000888	峨眉山A	2010	01	3.80	0.08	0.0063	0.6657	0.3958	1.3307	0.5348	0.1658	0.0083	0.8170	0	1.18	0	21.49
000978	桂林旅游	2010	01	5.16	0.13	-0.0766	0.6184	0.2225	0.8992	0.2512	-0.2261	0.0490	1.8661	1	1.85	1	20.71
002033	丽江旅游	2010	01	2.61	-0.01	0.0901	0.6098	0.2946	-0.5259	0.6524	2.3344	0.0118	-0.4420	0	1.07	1	20.98
002059	云南旅游	2010	01	2.85	0.42	0.1641	0.6158	0.1372	-0.0116	0.6266	2.3806	0.0463	-0.0998	0	2.07	1	21.51
600054	黄山旅游	2010	01	5.25	0.49	0.1339	0.5078	0.0674	0.6130	0.7661	0.1973	0.0407	0.9754	0	1.34	0	22.51
600138	中青旅	2010	01	1.57	0.12	-0.1536	0.5340	0.0155	1.5480	0.9426	-0.1759	0.0214	1.2177	0	1.38	0	21.97
600175	美都控股	2010	01	4.05	0.66	0.2321	0.6499	0.1023	0.1141	0.5820	-0.1210	0.0459	0.1188	1	2.36	0	21.33
600258	首旅股份	2010	01	1.31	0.01	0.0284	0.5555	0.2672	-0.4320	0.3474	-0.3014	0.0171	0.0527	0	2.27	0	20.76
600358	国旅联合	2010	01	2.09	0.03	-0.1531	0.6570	2.5508	-0.0023	0.7682	0.5390	0.0426	12.0683	0	2.06	0	21.74
600555	九龙山	2010	01	2.52	-0.12	0.0329	0.8426	0.0411	-0.1645	0.7208	-0.4371	0.0348	0.4100	0	3.00	0	20.30
600576	万好万家	2010	01	2.91	0.26	0.0372	0.4668	0.1890	0.2197	0.6422	1.1184	0.0050	0.0940	0	2.08	0	20.24
600593	大连圣亚	2010	01	3.40	0.38	0.2437	0.6941	0.1924	-0.1729	0.7231	0.0755	0.0174	0.1321	0	1.74	0	21.81
600650	锦江投资	2010	01	1.69	0.17	-0.0200	0.4793	0.4996	-0.2210	0.4900	3.1888	0.0011	-0.0343	1	3.10	0	20.22
600749	西藏旅游	2010	01	6.88	0.58	0.2179	0.7651	0.2144	0.0554	0.1781	3.1670	0.0184	1.3743	1	1.79	0	22.43
600754	锦江股份	2010	01	2.19	0.13	0.0887	0.7730	0.0726	-0.0647	0.6455	-0.3515	0.0129	-0.0364	0	2.53	0	23.11
600832	东方明珠	2010	01	3.41	0.18	0.0503	0.8164	0.1360	0.0954	0.5096	-0.2145	0.0189	0.6280	1	1.43	0	21.20
601007	金陵饭店	2010	01	3.41	0.18	0.0503	0.8164	0.1360	0.0954	0.5096	-0.2145	0.0189	0.6280	1	1.43	0	21.20

股票代码	企业名称	年份	半年	x_1	x_2	x_3	x_4	x_5	x_6	x_7	x_8	x_9	x_{10}	x_{11}	Y	$cont_1$	$cont_2$
000033	新都酒店	2010	02	0.88	0.01	0.1296	0.5522	0.2269	-0.3867	0.4909	0.2641	0.0188	-0.1133	0	3.79	0	20.08
000069	华侨城A	2010	02	4.25	0.98	-0.1585	0.3031	0.0577	0.4149	0.4892	4.0238	0.0472	0.6931	1	1.03	1	24.61
000428	华天酒店	2010	02	2.52	0.25	0.1434	0.3408	0.1591	0.0897	0.4613	0.0505	0.0303	0.1968	1	1.68	0	22.24
000524	东方宾馆	2010	02	2.24	0.03	0.3687	0.8193	0.2788	0.2846	0.4312	0.2646	0.0308	-0.0441	0	3.80	0	20.42
000610	西安旅游	2010	02	2.10	0.14	-0.1186	0.4300	0.0860	0.7555	0.7446	1.7888	0.0257	-0.1715	0	2.76	0	20.69
000721	西安饮食	2010	02	2.08	0.17	0.1508	0.5823	0.2122	0.4175	0.4100	0.1673	0.0858	0.3898	0	3.10	0	20.40
000802	北京旅游	2010	02	1.93	0.03	0.2652	0.5694	0.2810	0.6419	0.4389	-0.1218	0.0212	-0.2930	0	3.05	0	19.96
000888	峨眉山A	2010	02	3.34	0.47	0.5575	0.6716	0.1254	-0.3568	0.5314	-0.2382	0.0515	0.6607	1	2.88	1	20.89
000978	桂林旅游	2010	02	3.98	0.21	0.1479	0.6686	0.2224	2.3503	0.5326	1.2081	0.0171	0.8884	0	1.43	0	21.53
002033	丽江旅游	2010	02	5.18	0.09	0.0213	0.6491	0.1863	0.6679	0.2262	0.1031	0.0983	1.9804	1	3.15	1	20.67
002059	云南旅游	2010	02	2.58	-0.04	0.1251	0.7009	0.2277	0.0400	0.6475	1.3163	0.0238	-0.5775	0	1.24	1	20.85
600054	黄山旅游	2010	02	3.13	0.49	0.2890	0.6283	0.1155	0.1559	0.5932	-0.0865	0.0785	0.1339	0	1.98	1	21.59
600138	中青旅	2010	02	5.60	0.64	0.3392	0.4251	0.0497	0.3634	0.7868	0.0633	0.0464	0.5100	0	1.19	0	22.75
600175	美都控股	2010	02	1.64	0.13	-0.3655	0.5359	0.0158	0.0764	0.9151	-0.3112	0.0374	0.9427	0	2.09	0	22.01
600258	首旅股份	2010	02	4.44	0.81	0.4937	0.6617	0.1079	-0.1722	0.6241	-0.1014	0.0691	0.0184	1	2.99	0	21.37
600358	国旅联合	2010	02	1.35	0.05	-0.1400	0.5763	0.2753	0.1796	0.3622	0.2223	0.0253	-0.0595	0	2.72	0	20.74
600555	九龙山	2010	02	1.35	0.01	-0.1851	0.6270	2.6209	0.4351	0.7337	0.2470	0.0410	6.3666	0	2.22	0	21.77
600576	万好万家	2010	02	2.47	-0.12	0.9408	0.8735	0.0652	-0.1509	0.6636	-0.0563	0.1048	0.2192	0	6.74	0	20.24
600593	大连圣亚	2010	02	2.99	0.06	0.2135	0.4863	0.1512	3.2686	0.5056	-0.7065	0.0119	-0.0047	0	3.47	0	20.21
600650	锦江投资	2010	02	3.65	0.52	0.4746	0.7135	0.2440	-0.1743	0.7421	-0.0066	0.0310	0.1174	0	1.95	0	21.85
600749	西藏旅游	2010	02	1.84	0.13	0.3857	0.5156	0.1801	-0.0667	0.3837	-0.5817	0.0087	0.8920	1	4.23	0	20.23
600754	锦江股份	2010	02	7.08	0.63	0.5433	0.7870	0.2209	0.1206	0.1550	-0.1551	0.0347	1.0272	1	2.32	0	22.43
600832	东方明珠	2010	02	2.42	0.20	0.2957	0.7269	0.0901	1.2891	0.6251	-0.1792	0.0190	0.2887	0	2.40	0	23.25
601007	金陵饭店	2010	02	3.70	0.38	0.1870	0.8179	0.1373	0.2003	0.4935	0.0261	0.0291	0.3055	1	1.69	0	21.33

附录 C 旅游上市公司社会责任评价调查表

尊敬的女士 / 先生：

您好！

我们是湖南大学工商管理学院的硕士研究生，正在进行一项有关旅游上市公司社会责任评价指标体系研究的毕业设计，希望运用专家咨询法来对初步遴选的指标进行评分筛选。基于此，我们设计了咨询表。本次咨询无任何商业目的，您的所有答案将成为我们研究的重要数据支撑，请根据您的专业判断在适当的数字上打"√"（电子版填写可直接用其他颜色标注）。

我们将每个指标的重要程度分为5级，即1、2、3、4、5，分别代表：很不重要、不太重要、一般、比较重要、非常重要。数字越大，表示您认为该指标越重要。您也可以在表格相应的空白处，对您认为很重要，但我们又没有反映出来的指标进行补充，并予以评分。

感谢您对本研究支持和帮助，祝您万事如意！

湖南大学工商管理学院

问卷内容	很不重要	不太重要	一般	比较重要	非常重要
旅游上市公司对股东的责任	指标的重要程度				
1. 每股净资产	1	2	3	4	5
2. 每股收益	1	2	3	4	5
3. 资本保值增值率	1	2	3	4	5
4. 总资产报酬率	1	2	3	4	5
5. 净资产收益率	1	2	3	4	5
6. 股利支付率	1	2	3	4	5
旅游上市公司对债权人的责任	指标的重要程度				
7. 利息保障倍数	1	2	3	4	5

（续表）

问卷内容	很不重要	不太重要	一般	比较重要	非常重要
8. 流动比率	1	2	3	4	5
9. 债务保障率	1	2	3	4	5
10. 股东权益比率	1	2	3	4	5
11. 资产负债率	1	2	3	4	5
旅游上市公司对员工的责任	指标的重要程度				
12. 员工所得贡献率	1	2	3	4	5
13. 工资福利增长率	1	2	3	4	5
14. 员工人均所得	1	2	3	4	5
15. 工资费用比	1	2	3	4	5
16. 法定福利支付率	1	2	3	4	5
17. 职工劳动生产率	1	2	3	4	5
旅游上市公司对顾客的责任	指标的重要程度				
18. 主营业务成本率	1	2	3	4	5
19. 销售额增长率	1	2	3	4	5
20. 应收账款周转率	1	2	3	4	5
旅游上市公司对政府的责任	指标的重要程度				
21. 税收贡献率	1	2	3	4	5
22. 税收增长率	1	2	3	4	5
23. 上缴的税费净额	1	2	3	4	5
24. 就业人数	1	2	3	4	5
25. 就业人数增长率	1	2	3	4	5

（续表）

问卷内容	很不重要	不太重要	一般	比较重要	非常重要
旅游上市公司对环境保护的责任	指标的重要程度				
26. 是否进行了环保投入	1	2	3	4	5
27. 环保投入比率	1	2	3	4	5
28. 环保投入增长率	1	2	3	4	5

基本信息情况

您所在单位、职业与职位

_____

您从事该职业的时间

1.1—3 年　2.3—5 年　3.5—7 年　4.7 年以上

您对旅游上市公司社会责任的熟悉程度

1. 非常熟悉 2. 比较熟悉 3. 一般 4. 不太熟悉 5. 很不熟悉

您的学历

1. 大专及以下 2. 本科 3. 硕士 4. 博士及以上

再次感谢您对我们研究的支持！

附录 D 样本企业社会责任因子得分

股票代码	股票名称	因子1	因子2	因子3	因子4	因子5	总得分	QFII比例（%）
SH600007	中国国贸	−0.335	−0.669	−0.065	−0.815	−0.244	−0.131	0.4
SH600010	包钢股份	1.487	0.014	−1.076	0.231	0.118	0.296	0.19
SH600012	皖通高速	−0.273	0.230	0.025	0.377	0.324	0.091	0.24
SH600019	宝钢股份	3.581	−0.503	0.407	1.424	4.363	1.928	1.29
SH600054	黄山旅游	−0.217	0.462	0.103	−0.191	−0.474	−0.055	0.79
SH600059	XD古越龙	−0.355	−0.726	−0.609	−0.339	−0.384	−0.480	3.38
SH600066	宇通客车	−0.143	0.161	1.055	1.306	0.036	0.400	1.71
SH600070	浙江富润	−0.434	−0.790	0.520	−0.675	−0.339	−0.369	0.31
SH600096	XD云天化	0.262	0.821	0.356	−0.095	0.042	0.302	0.41
SH600097	开创国际	−0.389	−0.023	0.274	−0.447	−0.494	−0.222	1.28
SH600102	莱钢股份	0.490	−0.768	0.116	0.210	−0.512	−0.053	0.77
SH600118	中国卫星	−0.224	0.437	−0.635	−0.427	−0.582	−0.247	1.05
SH600138	中青旅	0.230	0.169	0.086	−0.426	−0.674	−0.064	1.33
SH600159	大龙地产	−0.497	−0.109	0.706	−0.034	0.157	−0.022	2.19
SH600161	天坛生物	−0.577	−0.327	0.376	0.266	1.100	0.055	0.73
SH600168	武汉控股	−0.229	0.162	−0.222	0.427	−0.619	−0.099	0.21
SH600176	中国玻纤	−0.260	0.408	−1.622	−0.570	0.581	−0.269	1.29
SH600183	生益科技	−0.073	0.332	−0.024	0.292	−0.634	−0.009	0.61
SH600189	吉林森工	−0.290	−0.175	−0.038	−0.336	−0.366	−0.242	2.08
SH600196	复星医药	0.191	0.456	0.234	−0.614	0.548	0.180	0.7
SH600231	凌钢股份	0.045	−0.580	−0.227	0.064	−0.457	−0.214	2.11
SH600247	成城股份	−0.361	0.414	−0.767	−0.286	−0.385	−0.258	0.2
SH600261	浙江阳光	−0.240	0.068	−0.278	−0.478	−0.059	−0.191	1.96
SH600285	羚锐制药	−0.593	−0.463	0.017	−0.239	1.327	0.110	4.54
SH600312	平高电气	−0.145	0.297	0.359	0.005	−0.539	−0.002	1.19
SH600320	振华重工	−0.875	−0.606	−0.763	2.078	1.176	0.026	0.39
SH600323	南海发展	−0.266	0.428	0.053	0.569	−0.377	0.058	2.68
SH600339	天利高新	−0.249	−0.546	−0.799	0.171	−0.590	−0.394	0.35
SH600350	山东高速	0.123	1.036	−0.439	0.409	−0.672	0.138	0.09
SH600362	江西铜业	0.935	−0.154	−0.328	−0.152	−0.204	0.117	0.08
SH600395	盘江股份	0.844	1.584	0.506	−0.186	−0.690	0.522	0.64
SH600397	安源股份	−0.265	−0.236	−0.486	−0.595	0.111	−0.291	2.39
SH600406	国电南瑞	−0.174	−0.393	−0.297	0.909	−0.499	−0.115	1.21

（续表）

股票代码	股票名称	因子1	因子2	因子3	因子4	因子5	总得分	QFII比例（%）
SH600416	湘电股份	−0.019	−0.633	0.341	0.000	−0.624	−0.183	1.02
SH600425	青松建化	−0.189	0.426	−0.033	−0.235	0.266	0.036	1.81
SH600449	赛马实业	−0.197	0.780	−0.179	−0.291	0.557	0.122	0.72
SH600460	士兰微	−0.268	−0.190	−0.240	0.388	−0.570	−0.187	0.8
SH600487	亨通光电	−0.525	0.157	−0.152	−0.052	0.929	0.001	1.66
SH600489	中金黄金	−0.153	−0.810	−1.147	−0.743	2.240	−0.174	0.64
SH600495	晋西车轴	−0.072	1.317	−0.084	0.701	−0.677	0.252	1.08
SH600499	科达机电	−0.332	−0.210	−0.422	−0.234	−0.334	−0.306	2.03
SH600527	江南高纤	−0.389	−0.185	−0.175	−0.353	−0.359	−0.297	1.2
SH600529	山东药玻	−0.389	0.962	−0.326	−0.304	1.241	0.190	1.76
SH600537	海通集团	−0.371	−0.090	−0.468	−0.230	−0.248	−0.285	2.33
SH600547	山东黄金	−0.031	−0.810	−1.028	−0.435	−0.247	−0.473	0.81
SH600550	天威保变	−0.144	−0.287	−0.210	0.184	−0.622	−0.209	0.36
SH600575	芜湖港	−0.205	0.493	−0.740	−0.230	−0.575	−0.214	1.36
SH600580	卧龙电气	−0.193	0.178	−0.010	−0.514	−0.571	−0.197	1.67
SH600584	长电科技	−0.679	−0.989	1.250	0.250	0.072	0.911	0.92
SH600585	海螺水泥	0.917	−0.516	1.445	−0.623	−0.496	0.740	0.48
SH600586	金晶科技	−0.315	−0.523	−0.106	−0.098	−0.431	−0.306	1.02
SH600588	用友软件	−0.024	1.170	0.317	0.462	−0.454	0.300	4.42
SH600595	中孚实业	−0.112	−0.793	−0.202	−0.457	−0.542	−0.400	0.39
SH600612	老凤祥	−0.280	−0.907	0.551	−0.064	−0.374	−0.248	1.26
SH600616	金枫酒业	−0.553	2.337	−0.527	−0.222	1.830	0.511	0.8
SH600619	海立股份	−0.286	−0.479	0.794	−0.477	−0.290	−0.171	0.24
SH600623	双钱股份	−0.142	−0.677	−0.235	0.874	−0.567	−0.173	0.25
SH600631	百联股份	0.022	−0.691	0.395	−0.116	−0.462	−0.167	0.6
SH600648	外高桥	−1.104	−0.164	0.291	9.583	0.380	1.355	0.27
SH600662	强生控股	−0.239	−0.655	0.113	−0.624	−0.387	−0.354	3.13
SH600663	陆家嘴	−0.084	−0.442	0.058	2.402	−0.418	0.223	1.38
SH600680	上海普天	−0.285	0.257	−0.141	0.441	−0.482	−0.056	0.22
SH600694	大商股份	0.834	−0.788	−1.187	−0.729	−0.160	−0.285	1.66
SH600702	沱牌曲酒	−0.165	−0.203	−0.132	−0.387	−0.418	−0.246	0.69
SH600703	三安光电	0.512	1.837	1.591	−0.178	−1.334	1.767	0.99
SH600717	天津港	−0.290	−0.114	−0.108	−0.617	1.348	−0.008	0.36

（续表）

股票代码	股票名称	因子 1	因子 2	因子 3	因子 4	因子 5	总得分	QFII比例（%）
SH600718	东软集团	0.159	0.325	0.121	-0.250	-0.503	0.012	0.59
SH600725	云维股份	-0.196	-0.452	-0.062	-0.248	-0.571	-0.297	0.49
SH600737	中粮屯河	-0.720	-0.740	-0.386	-0.327	2.538	-0.070	0.66
SH600760	东安黑豹	-0.295	-0.840	-0.305	-0.355	-0.450	-0.448	0.5
SH600765	中航重机	-0.209	-0.557	0.824	-0.713	-0.478	-0.231	0.33
SH600776	东方通信	0.062	0.570	-0.808	0.220	-0.671	0.352	0.13
SH600779	水井坊	-0.088	-0.213	0.607	0.243	-0.522	-0.009	1.49
SH600801	XD 华新水	-0.084	-0.606	-0.291	-0.607	0.616	-0.204	1.8
SH600812	华北制药	-0.133	-0.876	-1.948	-0.644	0.619	-0.569	0.74
SH600818	中路股份	-0.285	-0.516	-0.300	-0.429	-0.510	-0.397	0.68
SH600820	隧道股份	0.029	-0.644	0.140	0.109	-0.608	-0.185	1.52
SH600823	世茂股份	-0.380	-0.746	1.141	-0.422	-0.254	-0.180	3.5
SH600827	友谊股份	0.138	-0.852	-0.019	-0.592	0.639	-0.140	0.97
SH600828	成商集团	-0.326	-0.780	0.263	-0.442	-0.497	-0.367	0.8
SH600841	上柴股份	-0.079	0.063	-0.037	0.676	-0.570	0.004	0.37
SH600859	王府井	0.205	0.714	0.466	-0.472	-0.593	-0.194	3.45
SH600884	杉杉股份	-0.242	-0.275	1.481	-0.673	-0.443	-0.053	0.44
SH600897	厦门空港	-0.634	2.646	-0.589	-0.218	2.990	0.732	2.38
SH600960	滨州活塞	-0.178	-0.046	-0.230	-0.181	-0.605	-0.229	0.32
SH600970	中材国际	-0.077	-0.837	-1.250	-0.463	-0.471	-0.571	2.6
SH600983	合肥三洋	-0.070	-0.303	-0.005	-0.383	-0.573	-0.242	1.47
SH600993	马应龙	-0.397	1.990	-0.954	0.037	0.936	0.304	1.44
SH601166	兴业银行	4.388	3.055	3.005	4.776	-2.009	0.919	12.78
SH601328	交通银行	8.622	4.059	6.071	5.570	-0.804	2.308	18.6
SH601600	中国铝业	2.845	-0.531	-1.304	-0.780	-0.859	0.198	0.1
SH601628	中国人寿	3.297	-1.066	1.810	-0.246	6.309	2.012	0.16
SZ000001	深发展 A	0.870	1.102	0.797	0.017	-1.041	0.453	1.1
SZ000016	深康佳 A	0.447	-0.312	-0.517	2.523	-0.693	0.276	1.12
SZ000045	深纺织 A	-0.332	-0.137	-0.127	-0.621	-0.451	-0.322	0.32
SZ000055	方大集团	-0.292	-0.430	-0.227	-0.418	-0.516	-0.368	0.19
SZ000150	宜华地产	-0.411	0.609	-1.041	1.995	1.118	0.345	0.12
SZ000410	沈阳机床	0.240	-0.674	-0.291	-0.217	-0.473	-0.239	0.36
SZ000411	英特集团	-0.230	-0.717	-0.105	-1.855	-0.475	0.031	2.65

（续表）

股票代码	股票名称	因子1	因子2	因子3	因子4	因子5	总得分	QFII比例（%）
SZ000511	银基发展	−0.366	−0.628	−0.242	0.003	−0.402	−0.345	0.17
SZ000527	美的电器	1.422	1.279	0.529	−0.769	−0.692	0.111	3.36
SZ000528	柳　工	−0.118	−0.575	−0.064	−0.175	0.071	−0.185	1.29
SZ000529	广弘控股	−0.146	1.146	−0.570	−0.414	−0.455	−0.039	0.16
SZ000552	靖远煤电	−0.114	0.872	−0.481	0.429	−0.573	0.047	0.08
SZ000570	苏常柴A	−0.184	0.545	−0.215	0.152	−0.573	−0.042	0.28
SZ000572	海马股份	−0.076	0.611	−1.065	0.232	0.335	0.016	0.19
SZ000578	盐湖集团	0.434	0.448	0.157	−0.285	−0.093	0.183	0.11
SZ000591	桐君阁	−0.313	−0.855	−0.505	−0.597	0.046	−0.450	0.33
SZ000592	中福实业	−0.428	−0.225	0.281	−0.618	−0.159	−0.249	0.08
SZ000596	古井贡酒	0.300	−0.332	0.038	−0.285	−0.596	−0.123	0.78
SZ000617	石油济柴	−0.235	−0.641	−0.673	0.450	−0.565	−0.338	0.24
SZ000650	仁和药业	−0.171	1.611	2.071	−0.591	1.951	0.875	0.81
SZ000678	襄阳轴承	−0.262	−0.276	−0.953	−0.256	−0.383	−0.404	0.51
SZ000712	锦龙股份	−0.691	1.372	−0.978	−0.090	2.076	0.249	1.56
SZ000727	华东科技	−0.318	−0.295	−0.637	−0.603	−0.466	−0.440	0.56
SZ000729	燕京啤酒	1.453	0.626	−0.314	−0.600	−0.717	0.275	2.1
SZ000739	普洛股份	−0.240	−0.570	−0.336	−0.677	−0.505	−0.443	0.27
SZ000758	中色股份	−0.054	−0.423	−0.316	−0.597	−0.412	−0.326	0.73
SZ000761	本钢板材	0.260	−0.816	−0.901	0.122	−0.540	−0.324	1.61
SZ000777	中核科技	−0.227	0.091	0.175	0.178	−0.505	−0.068	0.72
SZ000782	美达股份	−0.680	−0.647	−0.547	−0.456	1.715	−0.222	0.4
SZ000786	北新建材	−0.610	−0.582	−0.027	−0.289	1.134	−0.165	0.87
SZ000789	江西水泥	−0.527	−0.530	−0.286	−0.495	2.065	−0.058	3.19
SZ000807	云铝股份	−0.388	−0.506	0.701	0.473	0.162	0.009	0.39
SZ000823	超声电子	−0.365	−0.283	−0.290	−0.677	0.060	−0.317	1.18
SZ000826	桑德环境	−0.300	−0.108	−0.150	−0.591	−0.560	−0.324	1.16
SZ000839	中信国安	−0.559	−0.330	−0.046	−0.602	1.001	−0.174	0.23
SZ000860	顺鑫农业	−0.059	−0.905	−0.084	−0.301	−0.394	−0.338	1.09
SZ000876	新希望	−0.199	−0.480	0.218	−0.682	−0.419	−0.302	0.5
SZ000911	南宁糖业	−0.091	−0.663	0.488	0.067	−0.523	−0.156	1.32
SZ000939	凯迪电力	−0.424	−0.214	0.311	0.227	0.205	−0.041	0.88
SZ000961	中南建设	−0.202	−0.883	0.847	−0.359	−0.163	−0.185	1.05

（续表）

股票代码	股票名称	因子1	因子2	因子3	因子4	因子5	总得分	QFII比例（%）
SZ001696	宗申动力	−0.029	2.185	−0.778	−0.418	−0.573	0.159	1.02
SZ002009	天奇股份	−0.340	−0.522	0.417	0.038	−0.498	−0.210	0.6
SZ002032	苏泊尔	−0.225	0.460	−0.007	−0.588	0.849	0.074	2.6
SZ002033	丽江旅游	−0.822	−0.283	0.039	−0.475	1.692	−0.090	0.2
SZ002042	华孚色纺	−0.166	−0.760	2.998	−0.706	0.261	0.238	2.09
SZ002056	横店东磁	0.182	4.549	−0.486	−0.026	−0.521	0.847	1.22
SZ002066	瑞泰科技	−0.348	−0.188	0.707	−0.426	−0.159	−0.112	1.73
SZ002069	獐子岛	−0.526	−0.572	0.309	−0.251	0.579	−0.165	1.13
SZ002080	中材科技	−0.239	−0.582	1.079	−0.194	−0.353	−0.094	1.15
SZ002082	栋梁新材	−0.398	0.018	−0.021	0.315	−0.278	−0.106	0.79
SZ002092	中泰化学	−0.371	−0.809	−0.461	−0.469	0.148	−0.411	0.87
SZ002096	南岭民爆	−0.317	0.038	1.336	−0.266	−0.413	0.039	0.76
SZ002121	科陆电子	−0.641	−0.394	−1.105	−0.424	0.999	−0.366	1.55
SZ002122	天马股份	−0.150	−0.250	−0.961	−0.756	−0.256	−0.430	0.32
SZ002142	宁波银行	−0.193	−1.053	0.083	1.532	0.296	0.038	1.22
SZ002170	芭田股份	−0.341	0.610	−0.459	−0.364	−0.369	−0.167	0.1
SZ002194	武汉凡谷	0.001	0.731	−0.469	0.035	0.030	0.724	0.69
SZ002204	华锐铸钢	−0.312	−0.480	−0.146	1.201	−0.532	−0.104	1
SZ002208	合肥城建	−0.270	−0.568	−0.263	1.201	−0.540	−0.132	0.9
SZ002242	九阳股份	−0.319	−1.174	−0.485	−0.182	1.375	0.269	0.71
SZ002262	恩华药业	−0.319	−0.386	−0.488	−0.423	−0.301	−0.300	0.8

参考文献

1. Bowen H R. Social Responsibility of the Businessman. New York：Harper&Row，1953.

2. McGuire，Joseph W. Business and Society. New York：McGraw-Hill，1963.

3. Keith Davis，Robert L. Blomstrom. Business and Society：Environment and Res- ponsibility. NewYork：McGrawHil，1975.

4. Edwin M，Epstein. The Corporate Social Policy Process：Beyond Business Eth ics，Corporate Social Responsibility and Corporate Social Responsiveness. California Management Review，1987，12（3）：104.

5. 哈罗德·孔茨，海因茨·韦里克. 管理学. 北京：经济科学出版社，1993.

6. Dirk Marten，Andrew Crane. Behind the Mask：Revealing the True Face of Corp- orate Citizenship. Joumal of Business Ethics，2003，45（5）：109-120.

7. 齐，庄志毅. 论社会主义企业的社会责任. 国内外经济管理，1990，（4）：23-28.

8. 刘俊海. 公司的社会责任. 北京：法律出版社，1999.

9. 卢代富. 企业社会责任的经济学与法学分析. 北京：法律出版社，2002.

10. 屈晓华. 企业社会责任演进与企业良性行为反应的互动研究. 管理现代化，2003，（5）：30-36.

11. 周祖城. 企业伦理学. 北京：清华大学出版社，2005.

12. 金立印. 企业社会责任运动测评指标体系实证研究——消费者视角. 中国工业经济，2006，（6）：114-120.

13. 张建同，朱立龙. 企业社会责任与企业绩效相关性研究. 华东经济管理，

2007, (7): 94-97.

14. Bragdgon, Marlin. Is pollution profitable? Risk Management, 1972, 12 (04): 53-55.

15. Howard R Bowen. Social responsibility of the business. New York: Harper, 1953.

16. Davis, Keith. Can business afford to ignore social responsibilities? California Management Review. 1960, (23): 70-76.

17. Carroll A B. A Three-Dimensional Conceptual model of Corporate Performance, Academy of Management Review, 1979, 4 (4): 497-505.

18. 屈晓华. 企业社会责任演进与企业良性行为反应的互动研究. 管理现代化, 2003, 5: 13-16.

19. 周祖城. 企业伦理学. 北京: 清华大学出版社, 2005.

20. Roberts R W. Determinants of Corporate Social Responsibility Disclosure: An Application of Stakeholder Theory. Accounting, Organizations and Society, 1992, 17 (3): 595-612.

21. ox P, Brammer S, Milungton A. An Empirical Examination of Institutional In- vestor Preferences for Corporate Social Performance. Journal of Business Ethics, 2004, 52 (1): 27-38.

22. Stephanie Dcllandc, Mary C Gliiy, John L Graham. Gaining Compliance and Los- ing Weight: The Role of the Servic Provider in Health Care Services. Jonrnal of Marketing, 2004, 25 (6): 78-91.

23. Torraco R J, Swanson R A. The Strategic Roles of Human Resource Development. Human Resource Planning, 1999, 18 (4): 10-29.

24. 李正. 企业社会责任与企业价值的相关性研究. 中国工业经济, 2006, (2): 77-83.

25. Morskowitz, Milton R. Choosing Socially Responsible Stocks. Business and So- ciety Review, 1972, 14 (1): 71-75.

26. Sturdivant, Ginter.A Strategic Posture Towards CSR. California Management

Review, 1977, 12（2）: 49–58.

27. Cochran, Philip L, Robert Wood. Corporate Social Responsibility and Financial Performance. A cademy of Management Journal, 1984, 27（3）: 42–56.

28. McGuireJ B, Sundgren A, Sehneeweis T. Corporate Social Responsibility and Financial Performance. Academy of Management Journal, 1988, 26（4）: 854–872.

29. Griffin J, Mahon J. The Corporate Social Performance and Corporate Financial Performance Debate : Twenty–Five Years of Incomparable Research. Business and Society, 1997, 35（3）: 1–3.

30. Stanwic A P, Stankwick D S, The Relation between Corporate Social Performa– nce and Organizational Size, Financial Performance, and Environmental performa– nce : An Empirical Examination. Journal of Business Ethics, 1998, 17（2）: 195–205.

31. 郭红玲 . 国外企业社会责任与企业财务绩效关联性综述 . 生态经济, 2006,（4）: 83–86.

32. 李国强 . 全面认识企业社会责任以及 SA8000, 提升我国企业竞争力 . 经济要参, 2005,（4）: 14–18.

33. 李正 . 企业社会责任与企业价值的相关性研究 . 中国工业经济, 2006,（2）: 77–83.

34. 田虹 . 企业社会责任与企业绩效的相关——基于中国通信行业的经验数据 . 经济管理, 2009,（1）: 72–79.

35. 张洪波 . 企业社会责任和财务绩效因果分析 . 现代商贸工业, 2009,（17）: 207–217.

36. 张菊, 宋玲, 蔡敏 . 企业社会责任与经营绩效 : 基于制造业上市公司的研究 . 经济研究导刊, 2010,（15）: 73–77.

37. Wu C F. The Relationship of Ethics Decision Making to Business Ethics and Performance in Taiwan. Journal of Business Ethics, 2002, 35（3）: 163–177.

38. Moore G. Corporate Social and Financial Performance : An Investigation in the U K. Supermarket Industry. Journal of Business Ethics, 2001, 34（4）: 299–

316.

39. 蒋小芳.社会责任与企业战略绩效的关联度研究.中国商贸,2011,（9）:231-232.

40. 徐光华，陈良华，王兰芳.战略绩效评价模式：企业社会责任嵌入性研究.管理世界，2007,（11）:166-167.

41. 乔治·斯蒂纳,约翰·斯蒂纳.企业、政府与社会.张志强,王春香,译.北京：华夏出版社，2002.

42. Dunfee T W. Business ethics and extant social contracts. Business Ethics Quarterly, 1999, 1（1）:23-51.

43. 杨钧.综合性社会契约视角下的社会责任投资决策.生态经济,2010,2:62-64.

44. 王妍.企业社会责任及其法理学研究.哈尔滨工业大学学报：社会科学版，2001, 3（3）:104-109.

45. 亚当·斯密.国民财富的性质和原因研究（下卷）.北京：商务印书馆，1972.

46. 张玉堂.利益论——关于利益冲突与协调问题的研究.武汉：武汉大学出版社，2001.

47. 赵云普.论公司法上公司承担社会责任的理论依据.法制与社会，2008，11：267.

48. Freeman R E.strategic management：A Stakeholder Approach，Pitman Publishing Inc，1984：46.

49. Mitchell R K，Agle B R，and Wood D J.Toward a Theory of Stakeholder Identification and Salience：Defining the Principle of Who and What Really Counts. Academy of Management Review，1997，22（4）:856.

50. Crroll A B．Business and Society：Ethics and Stakeholder Management. Cincinnati：South-Western，1993：22.

51. Jawahar I M，and McLaughlin，Gary L.Toward a Descriptive Stakeholder Theory：An Organizational Life Cycle Approach.Academy of Management Review，

2001，26（3）：398.

52. Wood, Donna J, and Jones, Raymond E.Stakeholder Mismatching : A Theoretical Problem in Empirical Research on Corporate Social Performance. International Journal of Organizational Analysis, 1995, 3（3）：229.

53. Clarkson, Max B E.Corporate Social Performance in Canada, 1976-1986, in research in Corporate Social Performance and Policy, Vol.10, edited by L.e. Preston, Greenwich, CT : JAI Press, 1988 : 263.

54. 沈洪涛，沈艺峰. 公司社会责任思想起源与演变. 上海：上海人民出版社，2007.

55. Cornell B, Shapiro A C. Corporate Stakeholders and Corporate Finance. Financial Management, 1987, 16（1）：5-14.

56. Preston L E, O' Bannon P. The Corporate Social-Financial Performance Relationship : A Typology and Analysis. Business and Society, 1997, 38 : 109-125.

57. Frooman J. Socially Irresponsible and Illegal Behavior and Shareholder Weal. Business & Society, 1997, 36 : 221-249.

58. Simpson W G, Kohers T. The Link between Social and Financial Performance : Evidence from the Banking Industry. Journal of Business Ethics, 2002, 35 : 97-109.

59. Homer H Johnson. Does it pay to be good? Social responsibility and financial performance. Business Horizons, 2003, 2 : 11-12.

60. N Guenster, J Derwall, Rob Bauer, Kees C G, Koedijk. The economic value of corporate eco-efficiency. Working Paper Series, 2006 : 11.

61. 姚海鑫，陆志强，李红玉. 企业社会责任对股东财富影响的实证研究. 东北大学学报：社会科学版，2007，4：315-320.

62. Gillan S, L Starks. Corporate Governance Proposals and Shareholder Activism : The Role of Institutional Investor. Journal of Financial Economics, 2000, 57 : 270-305.

63. Grundfest Joseph A. Subordination of American Capital. Journal of Financial Economics. 1998，27：89–14.

64. 罗栋梁.我国机构投资者与上市公司治理的实证研究.西南财经大学硕士学位论文，2007.

65. The Royal Commission on Corporate Concentration：Corporate Social Performance in Canada，1977：3–7.

66. Wartick S L, Cochran P L. The Evolution of the Corporate Social Performance Model. Academy of Management Review，1985，5：4–7.

67. Bragdgon J H，Marlin J. Is pollution profitable? Risk Management，1972，4：9–18.

68. Folger H，Nurt F.A note on social responsibility and stock valuation. Academy of Management Journal，1975，18：155–159.

69. Spice B. Investors，corporate social performance，and information disclosure：An empirical Study. Accounting Review，1978，53：94–111.

70. 古丽娜，张双武.公司社会责任、利益相关者和公司绩效研究.西北民族大学学报：哲学社会科学版，2004，3：68–73.

71. 王林萍，施婵娟，林奇英.农药企业社会责任指标体系与评价方法.技术经济，2007，9：98–121.

72. 陈留彬.中国企业社会责任评价实证研究.山东社会科学，2007，11：145–150.

73. 熊勇清，周理.企业社会责任的分析与评价——以深交所制造业上市公司为例.企业管理，2008，1–2：36–39.

74. 王菲.资源型城市可持续发展指标体系构建及综合评价研究.大庆石油学院硕士学位论文，2006.

75. 邱东，汤光华.对综合评价几个阶段的再思考.统计教育，1997，4：25–27.

76. 叶陈刚，曹波.企业社会责任评价体系的构建.财会月刊，2008，6：41–44.

77. Belaid Rettab，Anis Ben Brik，Kamel Mella. A Study of Management Perceptions of the Impact of Corporate Social Responsibility on Organisational Performance in Emerging Economies：The Case of Dubai. Journal of Business Ethics，2009，89：371–390.

78. 梁大为. 基于利益相关者的企业社会责任与企业经营绩效的实证研究. 经济师，2010，2：251–253.

79. 黄娟，冯建，任兴文. 四川省国有控股上市公司社会责任综合评价. 财经科学，2010，4：72–77.

80. 宋建波，盛春燕. 基于利益相关者的企业社会责任评价研究——以制造业上市公司为例. 中国软科学，2009，10：153–163.

81. 严复海，赵麟. 企业社会责任绩效评价指标体系的构建. 生产力研究，2009，2：146–148.

82. 赵杨，孔祥纬. 我国企业社会责任履行绩效评价体系构建研究——基于利益相关者理论及分项评价模式. 北京工商大学学报：社会科学版，2010，25（6）：48–55.

83. 周旭卉. 我国上市公司社会责任评价指标体系的构建. 会计之友，2009，18：81–83.

84. 刘淑华,高强,刘嘉玮. 关于国有企业社会责任评价指标设计的思考. 会计之友，2011，6：29–32.

85. 姜万军，杨东宁，周长辉. 中国民营企业社会责任评价体系初探. 统计研究，2006，7：32–36.

86. 李雄飞. 企业社会责任的多级模糊综合评价. 统计与决策，2009，4：168–170.

87. 徐泽水，达庆利. 多属性决策的组合赋权方法研究. 中国管理科学，2002，10（2）：84–87.

88. 郭红玲，黄定轩. 多属性决策中属性权重的无偏好赋权方法. 西南交通大学学报，2007，42（4）：505–510.

89. 陈伟，夏建华. 综合主、客观权重信息的最优组合赋权方法. 数学的实

践与认识，2007，37（1）：17–21

90. 陈实，任妹慧，温秀，李树民．基于层次分析法的旅游景区管理水平测度——以西安大唐芙蓉园景区为例．旅游学刊，2007，22（12）：40–44.

91. 李鹏雁，刘刚．基于层次分析法的不良资产证券化风险评价．哈尔滨工业大学学报，2007，39（12）：1949–1951.

92. 李柏洲，董媛媛．基于层次分析法的我国大型企业原始创新能力评价研究．科技进步与对策，2010，27（1）：125–129.

93. 徐二明，王智慧．我国上市公司治理结构与战略绩效的相关性研究．南开管理评论 2000，（4）：4–14.

94. 孙彭军．我国上市公司治理结构与企业战略绩效的研究．复旦大学硕士学位论文，2003.

95. 杨召文．我国上市公司治理与战略绩效的关系研究．武汉理工大学博士学位论文，2005.

96. 彼得·德鲁克．公司绩效测评．中国人民大学出版社，1999.

97. 马璐．企业战略性绩效评价系统研究．华中科技大学硕士学位论文，2004.

98. Jeffrey, Bacidore. The Search for the Best Financial Performance Measure. Financial Analysis，1997（5）：44–48.

99. Byme, Stephen F. EVA and Market Value. Journal of Applied Corporate Finance，1996，（1）：99–102.

100. 德鲁克．卓有成效的管理者．北京：机械工业出版社，2005.

101. Robert Hall, Nicholas E Galambos, Margaret Karlsson. Constraint—Based Profitability Analysis : Stepping Beyond the Theory or Constraints. Journal of Cost Management，1997.

102. Cross Kelvin, Lynch, Richard. Tailoring Performance Measures Business . Journal of Accounting and EOP, Spring.

103. Kaplan R S, David P Norton. The Strategy Focused Organization : How Blanced Scorecard Thrive In the New Business Environment. Boston : Harvard

Business School Press，2001：1-18.

104. Neely A，Adams C. The new spectrum；How the performance prism framework helps Business Performance Management. 2003，1（2）：39-47.

105. Wu C F. The Relationship of Ethics Decision Making to Business Ethics and Performance in Taiwan. Journal of Business Ethics，2002，35（3）：163-177.

106. Moore G. Corporate Social and Financial Performance：An Investigation in the U K. Supermarket Industry. Journal of Business Ethics，2001，34（4）：299-316.

107. Ruf B M，Muralidhar K，Brown R. An Empirical Investigation of the Relationship between Change in Corporate Social Performance and Financial Performance：A Stakeholder Theory Perspective. Journal of Business Ethics，2001，32（2）：143-157.

108. Sturdivant，Ginter.A Strategic Posture Towards CSR. California Management Review，1977，12（2）：49-58.

109. Cochran，Philip L，Robert Wood. Corporate Social Responsibility and Financial Performance. A cademy of Management Journal，1984，27（3）：42-56.

110. McGuireJ B，Sundgren A，Sehneeweis T. Corporate Social Responsibility and Financial Performance. Academy of Management Journal，1988，26（4）：854-872.

111. Waddock，Sandra A，Samuel B. The Social Performance Financial Performance Link. Strategic Management Journal，1997，12（1）：44-47.

112. 田虹. 企业社会责任与企业绩效的相关——基于中国通信行业的经验数据. 经济管理，2009，（1）：72-79.

113. 张菊，宋玲，蔡敏. 企业社会责任与经营绩效：基于制造业上市公司的研究. 经济研究导刊，2010，（15）：73-77.

114. Richard C Peters. Corporate Social Responsibility and Strategic Performance：Realizing a Competitive Advantage through Corporate Social Reputation and a Stakeholder Network Approach. A thesis for the degree of Doctor of Philosophy

of Florida Atlantic University，2007：20-26.

115. 蒋小芳. 社会责任与企业战略绩效的关联度研究. 中国商贸，2011，（9）：231-232.

116. 徐光华，陈良华，王兰芳. 战略绩效评价模式：企业社会责任嵌入性研究. 管理世界，2007，（11）：166-167.

117. Donaldson，and Preston L. The stakeholder theory of the corporation：Concepts evidence and implication. Academy of Management Review，1995，20（05）：65-91.

118. Homer H Johnson. Does It Pay to Be Good? Social Responsibility and Financial Performance. Business Horizons，2003，（11）：12-15.

119. 颜剩勇. 企业社会责任的财务评价研究. 科技进步与对策，2006，（3）：175-177.

120. 张文贤. 企业社会责任的指标体系设计. NEW CAPITAL，2006，（5）：35-43.

121. 沈洪涛，沈艺峰. 公司社会责任思想起源与演变. 上海：上海人民出版社，2007.

122. 唐小兰. 企业社会责任与经营绩效关系的实证研究. 湖南大学硕士学位论文，2006.

123. 张亚博. 中小企业社会责任与企业价值关系的量化分析. 中南大学硕士学位论文，2008.

124. 明阳. 企业社会责任与企业价值关系研究. 山东大学硕士学位论文，2009.

125. 李增春. 上市公司治理结构和战略绩效分析. 山东大学硕士学位论文，2003.

126. 周祖德，杨召文，张丽娟. 上市公司融资结构与战略绩效相关性分析. 武汉理工大学学报：信息与管理工程版，2006，28（1）：79-82.

127. Prowse，Stephen D. The Structure of Corporate Ownership in Japan. Journal of Finance，1992，47（3）：45-62.

128. 李维安.公司治理学.北京：高等教育出版社，2005.

129. 汪忠，孙耀吾，龚红.机构投资者参与公司治理综述.经济学动态，2005,（10）：20-26.

130. 钱露.机构投资者参与治理与投资者利益保护.财贸研究，2010,（4）：118-123.

131. 续芹.机构投资者对上市公司的作用效力研究.前沿，2009,（2）：63-67.

132. 谢志华.公司内部治理的历史性转折:机构投资者的介入.当代经理人，2003,（12）：87-95.

133. 王彩萍.机构持股与上市公司高级管理层薪酬关系实证研究.管理评论，2007，19（1）：41-48.

134. Ferreira M A, Matos P. The Colors of Investors' Money : The Role of Institutional Investors around the World. Journal of Financial Economies, 2008, 88(4): 499-533.

135. Elyasiani E, Jia J Y. Distribution of Institutional Ownership and Corporate Firm Performance. Journal of Banking and Finance, 2010, 34（3）: 606-620.

136. 穆林娟，张红.机构投资者持股与上市公司业绩相关性研究——基于中国上市公司的经验数据.北京工商大学学报：社会科学版，2008，23（7）：76-82.

137. 续芹，叶陈刚.机构投资者对上市公司作用的实证研究——依据我国A股市场的经验证据.审计与经济研究，2009，24（5）：94-98.

138. Matterson H. Ethics Admirable but Money Comes First. The Australian 35, 2000,（8）：85-97.

139. 李敏岚，何捷.责任性投资：国外的做法及对我国的启示.软科学，2002,（6）：34-38.

140. 张棒凡.社会责任投资经济社会和谐发展的新契机.商场现代化，2006,（1）：42-47.

141. 宋秦.社会责任投资基于可持续发展战略下的一种投资模式的研究.贵

州商业高等专科学校学报，2007，20（3）：24-26.

142. 宋建波，李爱华.企业社会责任的公司治理因素研究.财经问题研究，2010，（5）：23-29.

143. Lepoiter J, Heene A. Investigating the Impact of Firm Size on Small Business Social Responsibility：A Critical Review. Journal of Business Ethics，2006，67（3）：257-273.

144. Fox T, Ward H, Howard. Public Sector Roles in Strengthening Corporate Social Responsibility：A Baseline Study，Washington D.C：World Bank，2002，127-135.

145. Huselid. The Impact of Human Resource Management Practices on Turnover，Productivity，and Corporate Financial Performance. The Academy of Management Journal，2004，38（4）：635-672.

146. 刘昕,林南山.企业社会责任:HR 大有可为.人力资源,2006,（8）:6-9.

147. Peter Waring，John Lewer. The Impact of Socially Responsible Investment on Human Resource Management：A Conceptual Framework，Journal of Business Ethics. 2004，52（1）：99-108.

148. Sen S, Bhattacharya C B. Does Doing Good Always Lead to Doing Better? Consmer Reactions to Corporate Social Responsibility. Journal of Marketing Research，2001，38（2）：225-243.

149. Lichtenstein，Donald R, Minette et al.The Effect of Corporate Social Respons- ibility on Customer Donations to Corporate Supported Nonprofits. Journal of Marketing，2004，45（10）：16-32.

150. Xue ming luo，Bhattacharya C B.Corporate Social Responsibility，Customer Sa- tisfaction, and Market Value.Journal of Marketing, 2006, 10（5）:1-18.

151. Biehal，Gabriel J, Sheinin et al. The Influence of Corporate Messages on the Product Portfolio. Journal of Marketing, 2007, 71（4）：35-48.

152. 宋渊洋，唐跃军.机构投资者有助于企业业绩改善吗？——来自 2003—2007 年中国上市公司的经验证据.南方经济，2009，（12）：56-68.

153. Demos T. Beyond the Bottom Line：Our Second Annual Ranking of Global 500 Companies. Fortune October，2006，15（1）：23-28.

154. Alan Lewis，Mackenzie. Morals，Money，Ethical Investing and Economic Psych- ology. Human Relations，2000，35（2）：179-191.

155. Russell Sparkes，Christopher J Cowton. The Maturing of Socially Responsible Investment：A Review of the Developing Link with Corporate Social Responsibility. Journal of Business Ethics. 2004，52（2）：45-57.

156. 王长义. 公司治理与企业社会责任：基于历史视角的研究. 现代管理学，2007，（11）：75-76.

157. 杨德群，蔡明超，施东晖. 我国证券投资基金持股特征的实证研究. 中南财经政法大学学报，2004，（2）：68-74.

158. 肖星，王琨. 证券投资基金:投资者还是投机者? 世界经济,2005,（8）: 73-79.

159. 胡倩. 中国基金持股偏好的实证研究. 财经问题研究，2005，（5）: 50-55.

160. 邵颖红，陈爱军. 机构股东积极主义发展中存在的主要争论. 同济大学学报：社会科学版，2004，15（1）：36-41.

161. 江向才. 公司治理与机构投资者持股之研究. 南开管理评论，2004，7（1）：33-40.

162. Giannetti M，Simonov A. Which Investors Fear Expropriation? Evidence from Investors Portfolio Choices. Finance，2006，61（3）：1507-1547.

163. 王琨，肖星. 机构投资者持股与关联方占用实证研究. 南开管理评论，2005，8（2）：27-33.

164. 丁方飞，范丽. 我国机构投资者持股与上市公司信息披露质量——来自深市上市公司的证据. 软科学，2009，23（5）：18-23.

165. 赵一霏.2004年深市上市公司业绩预警情况分析. 证券市场导报，2005，（7）：4-9.

166. 罗栋梁. 机构投资者参与公司治理途径分析. 徐州师范大学学报：哲

学社会科学版，2008，34（5）：121-125.

167. Heinkel R，Kraus A，Zechner J. The Effect of Green Investment on Corporate Behavior. Journal of Financial and Quantitative Analysis，2001，24（4）：431-449.

168. Guercio，Hawkins. The Motivation and Impact of Pension Fund Activism. Journal of Financial Economics，1999，52（3）：293-340.

169. Kang，Shivdasani. Firm Performance，Corporate Governance and Top Executive Turnover in Japan，Journal of Financial Economics，1995，38（6），29-58.

170. 沈洪涛. 公司社会责任与公司财务业绩关系研究——基于相关利益者理论分析. 厦门大学博士学位论文，2005.

171. 张文贤. 企业社会责任的指标体系设计. NEW CAPITAL，2006，（5）：35-43

172. 周佳. 企业社会责任与财务绩效的实证研究. 同济大学硕士学位论文，2008.

173. 方苑. 企业社会责任与财务绩效关系的研究. 南京理工大学硕士学位论文，2008.

174. 何静谊. 公司治理对企业社会责任影响实证研究. 西南交通大学硕士学位论文，2009.

175. Gray R H，Kouhy R，Lavers S. Corporate Social and Enviroment Reporting：A Review of The Literature and A Longitudinal Study of UK Accounting. Organi- zations and Society，1995，36（8）：47-77.

176. Neu D，Warsame H，Pedwell K. Managing Public Impressions Environment Dis- closures in Annual Reports. Accounting.Organizations and Society，1998，23（3）：265-282.

177. 赵中秋. 基于多元分析法的我国开放式基金绩效评价. 北京理工大学学报，2006，7（3）：55-56.

178. 温忠麟，张雷，侯杰泰. 中介效应检验程序及其应用. 心理学报，2004，36（5）：614-619.